Jean-Baptiste et Nicole Prades
Victor Renaud

Les Courges

les cultiver, les conserver, les cuisiner

ÉDITIONS RUSTICA

À tous nos amis collectionneurs de courges
et de plantes légumières rares.
À ceux qui les ont mises en valeur dans la grande cuisine.
À nos amis, à notre famille et à tous ceux
qui nous ont aidés et supportés.
À tous nos lecteurs…

ISBN : 2-84038-240-7
N° d'éditeur : 48174
Dépôt légal : avril 1998

SOMMAIRE

INTRODUCTION

Sous un nom qui fait souvent rire ou sourire, les courges constituent, dans la grande famille des cucurbitacées, le genre le plus connu et le plus cultivé dans le monde. La diversité de leurs formes et de leurs couleurs est infinie : des plus petites aux plus grosses, elles réservent toujours des surprises et si on ne les consomme pas, on peut les utiliser comme ustensiles ou pour leurs qualités ornementales, aussi bien dedans que dehors. Cependant il ne faut pas oublier qu'elles se conservent longtemps, qu'elles ont du goût et qu'il est de ce fait intéressant de les utiliser dans des préparations culinaires aussi nombreuses que variées. Emblème de la fécondité, de la prospérité et de la bonne santé chez les Grecs anciens, les courges ont aujourd'hui un bel avenir dans l'alimentation des peuples.

UN PEU D'HISTOIRE

Les hommes utilisent les gourdes, ou calebasses, depuis près de 10 000 ans. Elles servirent d'abord de gourdes, c'est-à-dire de récipients pour le transport de la boisson, dans le monde entier. Sculptées en Afrique, elles étaient paillées en Thaïlande après avoir subi divers traitements pour devenir plus étanches.

On les a également utilisées un peu partout comme récipients et ustensiles de cuisine. En Amérique du Sud, elles servent pour boire le maté. On les attachait aux ailes des moulins à vent pour réveiller le meunier si le vent tombait, ou autour de la taille des enfants en guise de bouée. On en faisait aussi dans certains pays des jouets, des hochets par exemple. Comme pièces vestimentaires, elles ont parfois servi de chapeaux, mais surtout comme étuis à pénis.

On les a utilisées pour la fabrication de masques, de tabatières, de cages à grillons. Elles ont servi et servent encore de nichoirs pour les oiseaux. Aujourd'hui on les grave et les sculpte, et elles sont très largement utilisées comme instruments de musique.

La domestication des courges à « fruits doux » est postérieure à celle des haricots et des piments ; elle s'est faite en Amérique centrale (d'abord au Mexique) et en Amérique du Sud aux alentours de 6000 ans avant notre ère. Déjà des améliorations remarquables furent effectuées à l'époque de la civilisation précolombienne. Elles (*pepo, maxima*...) furent introduites en Europe au début du XVIe siècle. De nombreuses créations variétales virent le jour au XIXe siècle (entre 50 et 100 variétés). Depuis, un très grand nombre de variétés ont vu le jour un peu partout dans le monde. Après les F1, les recherches actuelles portent sur les manipulations génétiques pour la sélection et l'amélioration des espèces (mais attention aux apprentis sorciers !). Actuellement la production mondiale tourne autour des 10 millions de tonnes, et la France semble occuper le 18e rang. En France, les rendements à l'hectare peuvent varier entre 10 et 60 tonnes.

En France la consommation des premières « citrouilles » est très ancienne puisque l'on sait que Charlemagne en préconisait la culture et la consommation dans le « *De Villis* ». Il ne pouvait s'agir alors que de *Lagenaria* puisque ce genre est originaire des pays tropicaux et de ce fait avait pu arriver en France. Les autres genres, qui sont originaires d'Amérique, n'ont pu être ramenés chez nous qu'après la découverte de cette contrée par Christophe Colomb, c'est-à-dire au XVIe siècle. Jusqu'au XXe siècle les courges étaient peu utilisées en cuisine. Le potiron a eu ses titres de noblesse (si l'on peut dire) pendant la Seconde Guerre mondiale, mais n'a laissé, la plupart du temps, que de mauvais souvenirs. De 1950 à 1980, la consommation des courgettes a beaucoup progressé, mais sans une grande diversification d'utilisation. Ce n'est que depuis une dizaine d'années que la consommation des courges ne cesse de se développer.

LA CLASSIFICATION DES COURGES

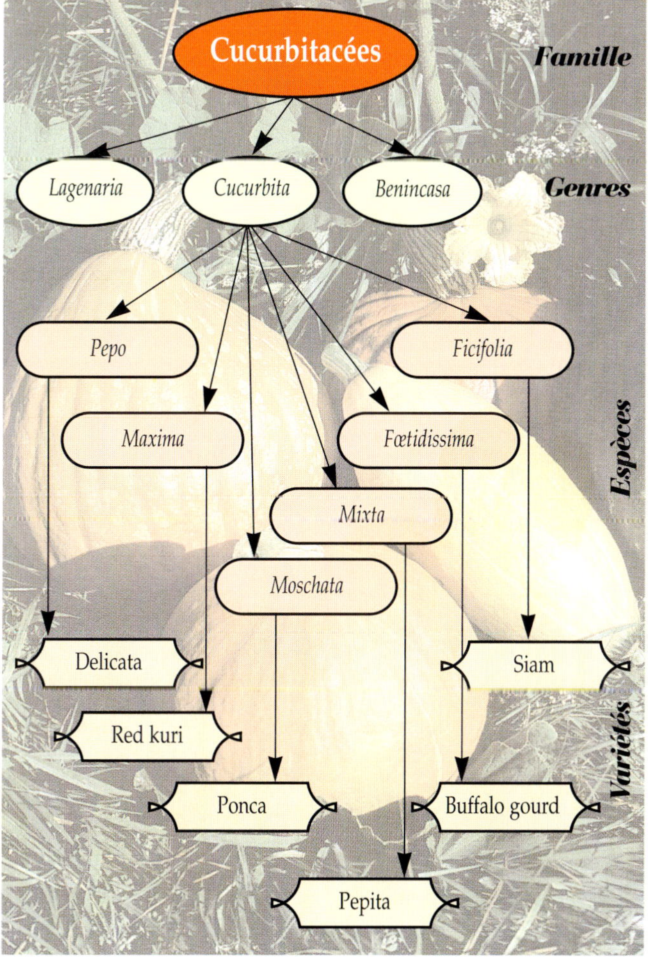

LES NOMS BOTANIQUES DES CUCURBITACÉES

Comme toutes les plantes, les courges sont classées de la manière suivante :
premièrement, **le genre** ;
deuxièmement, **l'espèce** ;
derrière ceux-ci apparaît toujours le nom de l'auteur d'un système de classification des plantes.
Dans les ouvrages de botanique on trouve en plus entre parenthèses le nom de la **famille**, ici cucurbitacées ou *cucurbitaceæ*.
Pour une même plante, il peut y avoir plusieurs genres ou espèces selon les auteurs dudit système.
Parmi ceux-ci nous retrouvons : Linné (Carl von, 1707-1778), à qui il revient l'honneur d'avoir établi pour chaque plante une nomenclature établie selon un petit nombre de règles simples qui furent universellement adoptées. Il fut suivi dans cette voie par d'autres grands botanistes qui s'inspirèrent de la même idée générale pour poursuivre la classification des plantes.
Pour la détermination des différentes espèces citées dans cet ouvrage, sont principalement pris en compte les caractères fournis par les organes sexuels qui concourent directement à la reproduction.
Les feuilles, le pédoncule des fruits et les graines permettent aussi de reconnaître les espèces entre elles.
L'indication « F1 », qui accompagne le nom commun, signale qu'il s'agit d'une variété hybride, en première génération, issue de la fécondation de l'ovaire d'une variété A par le pollen d'une variété B ; ce type de variété n'est pas fixé (les fruits obtenus à partir de graines issues de F1 n'auront pas forcément les caractéristiques de cet hybride).
Beaucoup de botanistes ont travaillé sur ces plantes, parmi eux citons :
Bonpland, Aimé Jacques Alexandre (France, 1773-1858) ;
Bouché, Carl David (Allemagne, 1809-1881) ;
Duchesne, Antoine, Nicolas (France, 1747-1827) ;
Humboldt, Friedrich Alexander von (Allemagne, 1769-1859) ;
Kunth, Carl Sigismund (1788-1850) ;
Pangalo, Konstantin, Ivanovich (1883-1965).

LES PROPRIÉTÉS DES COURGES

La courgette est très riche en **eau** (95 %) ; contient de nombreux **oligo-éléments** (500 à 700 mg pour 100 g) ; sa teneur en **potassium** varie de 200 à 250 mg ; les **vitamines** sont presque toutes présentes mais en quantités modestes. La teneur en **fibres** varie de 0,5 à 1,5 g pour 100 g. La courgette renferme peu de composants énergétiques.
La courge (à maturité) a une teneur en **eau** importante (92 %) ; les **fibres**, qui représentent 1,5 g pour 100 g, sont constituées pour l'essentiel de **cellulose** et d'**hémicellulose** ; les **minéraux** et **oligoéléments** sont présents à hauteur de 750 mg pour 100 g avec une teneur en **potassium** élevée (300 à 400 mg pour 100 g) et une teneur intéressante en phosphore, calcium, chlore, magnésium, soufre, sodium, fer, zinc et manganèse. Les **vitamines** sont toutes présentes et on note une teneur élevée en **provitamine A** (ce sont les potirons dont

la chair est la plus intensément colorée qui en contiennent le plus).
Apport énergétique pour 100 g : 15 à 20 Cal.

Composition moyenne des courges
Eau : 90 à 97 %
Fibres : 0,6 à 1,8 %
Glucides : 1,4 à 5,5 %
Protides : 0,4 à 1,6 %
Lipides : 0,1 à 0,4 %

Teneur moyenne en vitamines pour 100 g
Vitamine C : 5 à 16 mg
Provitamine A : 0,03 à 2 mg
Vitamine B1 : 0,04 à 0,05 mg
Vitamine B2 : 0,03 à 0,08 mg
Vitamine B3 ou PP : 0,03 à 0,6 mg
Vitamine B5 : 0,07 à 0,4 mg
Vitamine B6 : 0,06 à 0,11 mg
Vitamine B9 : 0,013 à 0,05 mg
Vitamine E : 0,01 à 0,1 mg

Des légumes-fruits pleins de ressources
Avec un apport énergétique particulièrement modéré (15 à 20 Cal/100 g) les courges sont des aliments de choix pour les régimes hypocaloriques, particulièrement adaptés pour garder la « ligne », préoccupation actuelle de bon nombre de personnes stressées par leur rythme de vie. Leur grande richesse en minéraux contribue au bon équilibre de l'alimentation.
Leur teneur en fibres (1,5 g/100 g) favorise la digestibilité et le transit intestinal. Celles-ci ont une action stimulante et laxative due à la présence de mannitol ; la consommation régulière de courges permet de résoudre naturellement les problèmes de constipation.
Grâce à un apport vitaminique très diversifié et surtout à une richesse en provitamine A (pour les variétés les plus colorées), la consommation régulière de courges diminuerait les risques de cancer et permettrait de lutter contre les maladies de dégénérescence, cardio-vasculaire. Leurs propriétés antioxydantes réduisent les altérations cellulaires, donc le viellissement des cellules dans l'organisme. La provitamine A joue aussi un grand rôle pour le renforcement de nos défenses immunitaires et sa consommation préviendrait les risques d'artériosclérose.
Les courges sont les seuls légumes-fruits qui après leur cueillette s'enrichissent en vitamines et en sels minéraux. Certaines variétés changent de couleur lors de leur stockage, c'est à partir de ce moment là que leur qualité nutritive est à « point ».

LES CONDITIONS DE CULTURE

À quelques exceptions près (comme les espèces vivaces telles que *Cucurbita fœtidissima* ou *C. digitata*), toutes les courges se reproduisent uniquement par semis. Pour lever sous le climat de la région parisienne, les graines demandent une chaleur artificielle (couche, serre, mini-tunnel) si elles sont semées avant la deuxième quinzaine de mai. Il est préférable de semer en lune croissante, si possible 2 ou 3 jours avant la pleine lune.

Le sol, le climat, l'exposition
Les plantes du genre *Curcubita* préfèrent un sol fertile, meuble, léger ou bien drainé mais gardant une certaine fraîcheur, et apprécient les terres humifères et bien dégagées. Pour les terrains en pente, il est préférable de

choisir une orientation vers le sud, à la rigueur avec un versant sud-est ou sud-ouest, et d'éviter les versants nord qui sont généralement plus froids et moins ensoleillés. Les climats tempérés et chauds leur conviennent ; *Cucurbita moschata*, *C. mixta* et les espèces du genre *Lagenaria* demandent souvent plus de chaleur. Certaines ne commencent à fructifier que lorsque la durée du jour est plus courte que celle de la nuit (c'est-à-dire à partir de septembre sous nos climats).

Les courges sont sensibles aux baisses de température et ne supportent pas les gelées d'automne. N'oubliez pas qu'elles sont d'origine tropicale. Leur croissance est ralentie si la température est inférieure à 12 °C (au-dessous de 5 °C, elles cessent de pousser, tandis qu'à partir de 35 °C elles fanent), aussi choisissez une exposition chaude, ensoleillée, voire abritée. Dans les régions plus froides, un plastique utilisé comme couverture de sol permet de réchauffer ce dernier et ainsi de gagner quelques semaines sur le développement des fruits.

LE SEMIS ET LA PLANTATION

Il y a plusieurs façons de semer et de cultiver les courges.

Dans tous les cas, il est fortement recommandé pour ceux qui cultivent plusieurs variétés de prendre la précaution de marquer tous les plants, semis ou rangs d'une étiquette indélébile et, parce que les oiseaux déplacent souvent ces marques, de réaliser sur papier un plan du jardin. Celui-ci permettra, l'année suivante, d'organiser les rotations de cultures.

En godets

Vers la dernière semaine d'avril, remplissez, jusqu'à 2 cm du bord, les pots et godets (au moins 7 x 7) en plastique ou en tourbe avec un mélange de terre, de tourbe, de terreau et de sable, préparé si possible une dizaine de jours à l'avance. Puis déposez 2 ou 3 graines par godet, recouvrez les semences de 1 cm de mélange terreux et arrosez sans excès pour éviter le pourrissement des graines, mais suffisamment pour favoriser la germination. Vous pouvez aussi mettre les graines à tremper dans l'eau environ 6 heures à l'avance et par la suite ne semer que celles qui sont descendues au fond de l'eau. Ces godets doivent être maintenus dans un endroit chaud (entre 20 et 25 °C) et bien éclairé, en serre, sous châssis ou à l'intérieur de la maison, devant une fenêtre.

Lorsque les plants ont une feuille (ne comptez pas les cotylédons, petites feuilles embryonnaires que contient

Repiquage de plants issus de semis en godets vers la mi-mai.

la graine), ne gardez qu'un seul plant en choisissant le plus vigoureux. Lors des arrosages, évitez de mouiller les feuilles.
Mettez les plants en place lorsque les gelées ne sont plus à craindre (après le 15 mai) ; ils doivent avoir 2 ou 3 feuilles. La mise en place se fait dans des poquets préparés auparavant. Enterrez les plants avec leur motte jusqu'aux cotylédons, tassez la terre puis arrosez pour favoriser la reprise. Si vous avez utilisé des godets de tourbe, faites-les bien détremper avant de les mettre en terre sans les démouler.

Sous minitunnel

À partir du 20 avril, semez les graines directement en place dans des poquets préparés à l'avance. Arrosez les cuvettes, déposez-y 2 ou 3 graines, recouvrez-les de 1 cm de terre non arrosée, puis installez un minitunnel sur chaque poquet. Pour cela, procurez-vous un rouleau de fil de fer de 3,5 mm de diamètre et coupez-en des longueurs de 70 cm (2 longueurs par poquet). Dans un rouleau de plastique à bulles ou bien des morceaux de récupération, coupez des carrés de 60 cm de côté. Avec les morceaux de fil de fer, réalisez 2 arceaux et enfoncez-les au-dessus du poquet, posez par-dessus le plastique à bulles et enterrez-en le pourtour. La levée demande 6 à 10 jours selon la température et les variétés.
Lorsque les plants ont 2 ou 3 feuilles, ne gardez qu'un sujet par poquet et s'il fait très chaud ouvrez légèrement un côté du minitunnel (côté opposé aux vents dominants). Arrosez si nécessaire. Enlevez le minitunnel lorsqu'il n'y a plus de risque de gelées et dès lors que les plants sont suffisamment développés.

Protection des sujets repiqués à l'aide de cloches individuelles.

Sous tunnel ou châssis

Pour une culture hâtive ou pour les variétés tardives, il est possible, dès le début avril, de semer en place dans des poquets préparés auparavant. Protégez ces semis par un tunnel en plastique ou des châssis, sans oublier d'ouvrir pendant les bons moments de la journée. Lorsque la chaleur sera assez forte et les nuits moins fraîches (+ de 10 °C), vous pourrez retirer ces protections.

Les poquets

Il est préférable de préparer les poquets 8 à 15 jours avant les semis, mais ce n'est pas obligatoire. La préparation s'effectue de la façon suivante : faites un trou de 20 à 25 cm de profondeur sur 30 cm de côté, et mettez dans le fond 2 ou 3 « fourchées » de compost maison bien décomposé. Si vous utilisez du compost biologique du commerce, disposez 3 à 5 poignées dans un trou de 12 à 15 cm de profondeur. Recouvrez ensuite les poquets avec la terre retirée. La distance minimum entre les poquets est en général de 1 m en tous sens pour les variétés non coureuses, de 1,50 m pour les variétés semi-coureuses et de 2 à 2,50 m pour les variétés coureuses qu'on laisse ramper sur le sol. Pour gagner de la place, il est toutefois possible de cultiver les variétés coureuses et semi-coureuses à petits fruits (jusqu'à 2-3 kg), ainsi que la courge de Siam, en les faisant grimper sur des supports en bois ou en fer, sur un treillage, une tonnelle, une grille, un arbre. Dans ces cas, les poquets peuvent être distants de 1 m sur la ligne.

La culture sur plastique

Ce mode de culture permet de gagner 15 jours à 1 mois dans le développement des plantations de courges, d'économiser l'eau et le temps, d'emmagasiner la chaleur dans le sol et d'éviter la prolifération des herbes. Sur des terrains en pente, il est conseillé d'utiliser des bandes discontinues (une bande de plastique de 1 m alternant avec une bande de terre). Pour les terrains plats, vous pourrez étaler le plastique en bandes plus larges. Les distances de semis ou de plantation sont les mêmes que précédemment. Découpez dans le plastique des trous de plantation de 20 cm de diamètre environ. N'oubliez pas de perforer le plastique à l'aide d'une fourche sur toute la surface, puis recouvrez de terre le pourtour. Vous pouvez remplacer le plastique par un paillage ou un « mulching », mais la paille ne réchauffe pas la terre.

La culture sur supports

Vous devrez vous procurer des tubes de chauffage (15 x 21 ou 20 x 27), des tasseaux de bois de 40 x 40 ou bien des perches de noisetier, d'acacia ou de châtaignier de 3 à 3,50 m de long (non traités). Ils se disposent de différentes façons : comme les rames à haricots (mais plus espacés), en tente d'indien ou en formant une allée couverte. Tendez ensuite entre ces

La culture sur film plastique présente plusieurs avantages, dont celui de conserver au sol son humidité.

La culture sur treillage ne convient qu'aux variétés à petits fruits (ici, gourde matraque marenka).

supports des filets en plastique à grosses mailles et renforcez le tout avec des traverses. Vous pouvez aussi, en le cintrant, réaliser une armature avec le tube de chauffage (2,50 m de hauteur sur 1,20 à 1,50 m de largeur) sur laquelle vous fixerez une grille plastifiée à mailles carrées de 10 x 10 cm. Orientez les lignes du nord au sud afin que toutes les courges bénéficient des bienfaits du soleil. Au départ, il faut aider les tiges rampantes à grimper.

LES SOINS

Les binages, les sarclages

Il est recommandé d'effectuer des binages au début de la période de végétation et surtout avant de faire un paillage. Lorsque le développement des courges occupe pratiquement toute la surface du sol, il devient difficile de biner ; il n'y a plus alors qu'à arracher les herbes qui domineront les cucurbitacées avant qu'elles ne montent en graines.

La couverture du sol

Lorsque les plants atteignent une quinzaine de centimètres de hauteur et que le sol est suffisamment réchauffé, il est très bénéfique d'effectuer une bonne couverture du sol. On peut à cet effet utiliser de la paille, du compost bien pailleux, des tontes de gazon, de la paillette de lin (l'idéal), un engrais vert ou un plastique. Cette protection du sol limitera le développement des herbes sauvages, dites « mauvaises herbes », maintiendra la fraîcheur du sol en contenant l'évaporation, évitera le tassement de la terre par les pluies

La paille protège les fruits et limite l'évaporation du sol.

ou arrosages et protégera les fruits du contact avec la terre.
Tout en protégeant le sol du froid, de la chaleur et du vent, une couverture végétale de 5 à 7 cm deviendra une source d'humus pour les plantes futures.

L'arrosage
Puisqu'on est amené à effectuer des arrosages, il vaut mieux prévoir une légère cuvette autour de chaque courge. Veillez à ne pas mouiller les feuilles pour éviter les maladies et arrosez doucement au goulot car si l'eau arrive trop fort elle tasse la terre de la cuvette. Il est préférable d'arroser avec de l'eau « réchauffée », stockée au moins la veille dans des récipients pour qu'elle prenne la température de la journée ; le chlore de l'eau du robinet pourra ainsi s'évaporer.
En période chaude, arrosez tard le soir ; comptez au minimum 1 à 2 litres d'eau par plante et par arrosage, journalier en période de sécheresse. Une culture menée sous plastique ne demande néanmoins pas plus de 1 à 2 arrosages par semaine à raison de 2 à 3 litres d'eau par pied. De même, les courges cultivées sous un bon paillage n'ont généralement pas besoin d'arrosage.

Les tailles
Les courges non coureuses ou semi-coureuses ne se taillent pas.
Les variétés coureuses peuvent être taillées, mais ce n'est pas obligatoire. On ne taille que lorsque les tiges deviennent trop envahissantes, donc gênantes, ou bien pour obtenir des fruits plus gros en limitant leur nombre.
De plus n'oubliez pas que bon nombre d'entre elles s'enracinent

LA DURÉE GERMINATIVE DES GRAINES
En général la capacité germinative est de 6 à 10 ans, mais peut être variable selon les conditions de stockage. Ce temps peut être beaucoup plus long dans le cas d'une conservation des graines au congélateur.

aux nœuds, ce qui apporte des suppléments de nourriture ; il suffit d'encourager la plante en recouvrant d'une petite butte de terre les nœuds les plus proches des fruits. Cet enracinement n'est pas possible sur un sol couvert de plastique, mais ce matériau a l'avantage d'absorber les rayons du soleil, donc de réchauffer la terre et ainsi de permettre aux variétés demandant plus de chaleur de parvenir à fructifier.
N'oubliez pas toutefois que, si certaines variétés ont besoin de plus de chaleur, d'autres ne commencent à fructifier que lorsque la durée du jour est égale à la durée de la nuit, ou bien lorsque les nuits deviennent plus longues (c'est-à-dire assez tard dans la saison). Pour les faire fructifier plus tôt, on pourrait les couvrir d'un plastique noir (les soirs) afin de les tromper et leur faire croire que les jours sont plus courts.

La fertilisation foliaire
Cette fertilisation agit directement sur les tissus des feuilles et renforce la résistance des plantes aux maladies cryptogamiques et aux parasites. Elle active la végétation et corrige les troubles de nutrition des plantes en apportant éléments nutritifs et oligoéléments. Cette opération s'effectue toujours sur végétation

humide, c'est-à-dire à la rosée du matin. Évitez de la réaliser en plein soleil, par grand vent ou en période de sécheresse.
Les applications peuvent être à base de lithotamne (poudre d'algues marines) pour les terres acides, ou de poudre de basalte (roche formée lors des éruptions volcaniques) pour les sols calcaires. Les doses employées varient de 150 à 300 g à l'are, selon la végétation. Renouvelez l'opération toutes les 3 semaines environ, à l'aide d'une poudreuse, en cherchant à atteindre le dessous des feuilles.
Vous pouvez aussi pulvériser en alternance d'autres produits tels que le concentré d'algues brunes « Sapronalg » (50 ml pour 10 litres d'eau) ou le « Stimuphytol », un complexe d'essences naturelles de plantes (1 cuillerée à café par litre d'eau). Le lithothamne (*Lithothamnium calcareum*), dont l'usage est souvent préconisé dans cet ouvrage, est une algue calcaire ayant l'aspect d'un corail. Très riche en sels minéraux, il apporte aux plantes la vitalité de l'eau de mer.

Les courges demandent une terre riche en humus.

LE VOISINAGE ET LES ROTATIONS

Les courges font bon ménage avec les haricots à rame, le maïs sucré et le tournesol, qui leur procurent un peu d'ombre en période chaude sans nuire à leur développement ; il en est de même pour les pois et les choux d'été. Par contre, il semble que la pomme de terre ne cohabite pas toujours bien avec certaines variétés de courges, mais cela n'est pas sûr, il est en effet de coutume en Auvergne de planter les potirons avec les pommes de terre.
Les courges épuisent peu le sol, mais demandent une terre riche en humus (pour la rétention d'eau). Il est conseillé d'effectuer une rotation (succession des cultures sur une même planche) de 2 à 3 années, principalement pour éviter les maladies et les parasites.

AMENDER ET FERTILISER

En préparant le sol, veillez à apporter une bonne fumure organique, c'est-à-dire un compost bien décomposé, peu riche en azote, pailleux et contenant peu de déjections animales. Pour un compost maison, il faut compter 5 brouettées à l'are, ce qui équivaut à environ 250 kg/are. Si vous utilisez un compost biologique du commerce, reportez-vous à l'étiquetage des sacs pour connaître les doses à employer.

Préparez ensuite les poquets qui recevront les semences ou les plants en leur apportant 2 ou 3 « fourchées » de compost maison ou 3-4 poignées de compost du commerce.

La fertilisation du sol consiste à apporter des engrais naturels à base de roches et de phosphates tendres, riches en éléments majeurs et en oligo-éléments. Les doses sont généralement de 4 à 6 kg/are. Il est conseillé de ne faire que de légers apports d'engrais azotés à doses maximales de 3 à 4 kg/are.

La corne torréfiée est un engrais azoté recommandé pour son action progressive et durable. Elle présente de plus l'avantage de ne pas polluer les nappes phréatiques. Mais l'excès d'azote nuit à la bonne conservation des fruits et à leur valeur nutritive, et il faut éviter les nitrates peu favorables à la santé.

La poudre de basalte, provenant de roches formées lors des éruptions volcaniques, est aussi un excellent fertilisant à dose de 2 à 3 kg/are.

La cendre de bois apporte du phosphore, de la potasse et des oligoéléments ; mélangez-la rapidement en surface à l'aide d'une fourche crochue, en prévoyant 5 à 7 kg/are.

Les engrais de fond (qui agissent lentement) doivent toujours être utilisés en surface et mélangés superficiellement. Ils sont utiles lors de la préparation du sol du début à la fin de l'hiver ; les engrais azotés (corne torréfiée) seront, quant à eux, apportés au début du printemps, vers la mi-mars. Ils ont pour effet d'agir sur le développement du feuillage et des fruits eux-mêmes.

LES MALADIES

Les courges ne sont pas très sensibles aux maladies. Évitez cependant les cultures intensives, surtout les monocultures ; il est préférable dans le cas de grandes superficies de culture de séparer les rangs de courges par des cultures d'aromatiques, par exemple (sarriette, coriandre, lavande...). Effectuez des rotations de culture. Observez ! Souvent il vaut mieux arracher un pied malade et le brûler plutôt que de tenter de le soigner.

LES SEMENCES

La pollinisation

Les courges sont des plantes allogames : chaque plante possède des fleurs mâles et des fleurs femelles. Les fécondations croisées entre des pieds différents sont, en général, les plus nombreuses, et les variétés d'une même espèce peuvent se croiser. Cela signifie que même si les fruits obtenus ont la même apparence, leurs graines donneront naissance à des fruits différents par la forme, la couleur ou la consistance ; c'est ce que l'on appelle l'hybridation. Si l'on veut conserver les caractéristiques propres à chaque variété, il faut donc éviter ces croisements. La fécondation est assurée par un agent extérieur, en général un insecte butineur (abeille, bourdon...), diurne pour les espèces *Cucurbita maxima*, *C. moschata*, *C. mixta*, *C. pepo*, *C. foetidissima*, *C. ficifolia*, et nocturne pour les *Lagenaria*. Les insectes visitent les fleurs au hasard, et si en principe les différentes espèces ne s'hybrident pas entre elles, on a cependant pu observer des exceptions (*mixta* avec *moschata*, par exemple). Pour conserver des variétés pures il faut respecter les règles suivantes.

• Cultiver une superficie importante d'une même variété : si celle-ci se trouve éloignée d'environ 2 km de toute autre plantation de même espèce, les abeilles qui viendront sur ces fleurs n'apporteront pas le pollen d'une autre variété et ne repartiront qu'une fois le « plein » fait.

• Isoler une petite quantité de plantes sous un filet anti-insecte et y introduire des bourdons débarrassés des pollens (par exemple capturés la veille et conservés dans une boîte grillagée ou une « ruchette ») avant le lever du soleil. L'opération sera répétée 1 jour par semaine pendant 4 semaines. Il faut bien entendu sortir la ruchette après la tombée de la nuit. Trois jours après la sortie de la dernière ruchette on peut retirer le filet anti-insecte, éliminer toutes les fleurs mâles ainsi que les extrémités des tiges (une feuille après les fleurs femelles fanées) ; il faut aussi marquer les fruits fécondés à l'aide d'un lien plastifié que l'on attachera (assez long) autour du pédoncule.

• Enfin il est possible de réaliser manuellement la fécondation. Pour cela il faut ligaturer le haut des fleurs mâles et femelles 1 à 2 jours avant leur ouverture (prévisible sur observation) afin qu'il n'y ait pas de risque d'introduction de pollens indésirables. Il est souhaitable de prévoir plusieurs fleurs mâles par fleur femelle et de mener cette opération en dehors des périodes de grandes chaleurs. Les nouvelles fleurs s'ouvrent en principe le matin vers 5 heures pour toutes les variétés (fleurs jaunes) sauf pour les *Lagenaria* (fleurs blanches) qui, elles, ne s'ou-

Pollinisation manuelle d'une fleur femelle à l'aide d'une fleur mâle qui a été débarrassée de sa corolle.

vrent que vers 17 heures. Le matin de l'ouverture présumée de la fleur femelle, prenez une fleur mâle ouverte (mais protégée), enlevez la corolle puis frottez le pistil de la fleur femelle que vous aurez auparavant libérée de ses liens et ouverte ; vous pouvez recommencer l'opération avec une autre fleur mâle. Refermez avec le lien plastifié la fleur ainsi fécondée et repérez-la en nouant un autre lien, assez long pour lui permettre de se développer, autour du pédoncule. Cela permettra de distinguer les fleurs et de les marquer par scarification au moment de la récolte. La pollinisation a réussi lorsque le fruit se développe normalement. La température au moment de la pollinisation ne doit pas être trop élevée ; l'idéal est d'opérer le matin lorsqu'il n'y a pas ou plus de rosée ou, pour les *Lagenaria*, le soir entre 19 et 21 heures. Il faut intervenir le plus tôt possible afin que les fruits parviennent à complète maturité, sous peine de travailler en pure perte.

L'extraction des semences

Après la récolte des fruits à maturité, les graines doivent continuer leur maturation dans les fruits.

Ce temps de stockage peut varier, mais en règle générale mieux vaut attendre novembre pour ouvrir les fruits récoltés. Coupez les courges en deux, extrayez à la main les graines débarrassées des fibres qui les maintenaient, essuyez-les bien avec du papier absorbant, puis laissez-les sécher à l'intérieur en remuant tous les jours (il faut surtout éviter la formation de moisi), pendant environ 15 jours à 3 semaines. Vous pouvez aussi extraire le placenta des courges, le laisser fermenter 3 à 5 jours puis rincer les graines dans une passoire, les essuyer avec du papier absorbant et les laisser sécher, bien étalées, pendant 3 semaines. Lorsqu'elles sont bien sèches, stockez-les dans des récipients étanches dans un endroit sec avec peu de variations thermiques. Les graines se conservent aussi très longtemps au congélateur.

147 PORTRAITS DE COURGES

Signification des symboles

Pour chaque courge présentée par double page, vous trouverez une fiche synoptique qui récapitule les principales caractéristiques. Ces informations sont signalées par des symboles dont voici la signification.

Dimensions

Poids

Durée de conservation

Meilleure période de consommation

Utilisations culinaires

ABOBORA MENINA

Cucurbita moschata (Duchesne)

Originaire du Mexique et d'Amérique centrale, cette courge coureuse produit d'assez grandes feuilles anguleuses à long pétiole, tachetées de blanc le long des nervures, et des tiges traînantes de 4 m de longueur. Elle donne des fruits cylindriques, vert foncé marbré de vert clair ou vert-jaune devenant ocre en vieillissant, avec de larges côtes très peu marquées. La chair tendre, orange rosé, a un goût musqué légèrement sucré. Chaque plant porte 1 à 4 fruits.

25 à 30 m de diamètre, sur 30 à 40 cm de longueur.

6 à 14 kg.

Récoltée à maturité, se conserve de 4 à 6 mois.

De novembre à mars.

En potage, gratin, tourte, à la provençale, sautée, en ratatouille, confiture…

Culture

Semez en godet (1 à 3 graines) à partir du 15 avril, à la lumière, en maintenant une température d'au moins 20 °C et un arrosage suffisant. La plantation en pleine terre, en plein air, s'effectue début juin, à bonne exposition.
Semez en place de fin avril à fin mai en pleine terre.
Au semis ou à la plantation, en pleine terre, au soleil, mettez 1 ou 2 pelletées de compost dans chaque trou, les poquets étant espacés de 2 m en tous sens. Pendant la période de végétation de 3 à 5 mois, arrosez si nécessaire (1 à 2 litres d'eau par jour).
Pour réduire les arrosages et accélérer le développement de la plante, vous pouvez effectuer la plantation sur un plastique noir dont vous recouvrirez le pourtour de terre et dans lequel vous pratiquerez un trou pour le passage de chaque plante. N'oubliez pas de perforer le plastique à l'aide d'une fourche pour laisser passer l'eau de pluie. Un arrosage par semaine suffit.

Récolte et conservation

Les extrémités des tiges peuvent être consommées comme légumes verts.
Les fruits se récoltent à maturité, quand la couleur vire à l'ocre. Coupez le pédoncule le plus près possible des tiges. Laissez sécher une journée au soleil les fruits coupés, puis rentrez-les et conservez-les dans un local ventilé, même chaud (de 10 à 25 °C). Évitez de cogner les fruits car ils pourriraient plus vite.

Abobora menina

Cucurbita moschata (Duchesne)

ACOMA PUMPKIN

Cucurbita s.p.

Cette courge à tiges rampantes était cultivée au nord du Nouveau-Mexique par les Indiens de la région. Ses fruits ronds, légèrement allongés, sont gris-vert rayés de marbrures vert foncé. La peau est lisse et tendre. La chair, épaisse de 2 cm, est fade et de couleur blanche à jaune clair. Chaque plant peut porter de 2 à 4 fruits.

15 à 20 cm de diamètre,
sur 20 à 25 cm de hauteur.

4 à 6 kg.

Récoltée à maturité,
se conserve au moins 6 mois.

D'octobre à janvier.

En potage, purée, sautée,
en ratatouille…

Culture

Semez en godet (2 graines) à partir du 15 avril, à la lumière, en maintenant une température d'au moins 20 °C et un arrosage pas trop abondant pour éviter le pourrissement des graines. La plantation en pleine terre, en plein air, s'effectue à partir du 15 mai, à bonne exposition.
De fin avril à mi-mai, en pleine terre, semez en place 2 ou 3 graines dans des poquets espacés de 2 m en tous sens. Par la suite, ne gardez que le pied le plus beau et arrosez régulièrement pendant toute la période de végétation de 3 à 5 mois (1 à 3 litres d'eau par jour). Vous pouvez effectuer la plantation sur un plastique noir dont vous recouvrirez le pourtour de terre et dans lequel vous pratiquerez un trou pour le repiquage de chaque plante. À la plantation, en pleine terre, mettez une pelletée de compost dans chaque trou, les poquets étant espacés de 2,50 m au moins en tous sens. N'oubliez pas de perforer le plastique à l'aide d'une fourche pour laisser passer l'eau de pluie, et de former une petite cuvette autour de chaque plant pour faciliter l'arrosage (évitez de mouiller les feuilles). Un arrosage par semaine suffit.

Récolte et conservation

Les fruits se récoltent lorsqu'ils sont mûrs, à partir de fin septembre, par temps sec.
Stockez-les dans un local bien ventilé (jusqu'à 25 °C).

Acoma pumpkin

Cucurbita s.p.

AFRICAN SQUASH

Cucurbita moschata (Duchesne)

Originaire du Mexique et d'Amérique centrale, cette courge coureuse présente des feuilles poilues de couleur vert foncé, tachetées de blanc le long des nervures. Ses tiges rampantes s'allongent sur plus de 3 m et sont également velues. Les fruits cylindriques, légèrement côtelés, se terminent par un renflement plus ou moins important côté ombilic, ce qui leur donne la forme d'une cloche profonde ; d'abord vert moyen, ils deviennent ocre en vieillissant. La chair compacte est ferme, de couleur orangée, avec un goût de carotte. Chaque plant peut porter 4 à 7 fruits.

10 à 15 cm de diamètre pour la partie cylindrique, 15 à 20 cm pour la partie renflée, sur 40 à 50 cm de longueur.

2 à 6 kg.

Récoltée à maturité, se conserve environ 1 an.

De septembre à janvier.

En potage, entrée crue, gratin, tourte, à la provençale, sautée, en ratatouille, confiture…

Culture

Semez en godet (1 à 3 graines) à partir du 15 avril ; la levée demande de 1 semaine à 10 jours. Ne gardez que le pied le plus vigoureux dans chaque godet. La plantation en pleine terre, en plein air, s'effectue début juin.
Semez en place de fin avril à fin mai. Au semis ou à la plantation, en pleine terre, au soleil, mettez 1 ou 2 pelletées de compost dans chaque trou, les poquets étant espacés de 2 m en tous sens. N'oubliez pas de former une cuvette autour de chaque plant pour faciliter l'arrosage (évitez de mouiller les feuilles).
Pendant la période de végétation de 3 à 5 mois, arrosez si nécessaire (1 à 2 litres d'eau par jour) ou paillez pour espacer les arrosages.

Récolte et conservation

Les fruits doivent être récoltés à maturité, c'est-à-dire juste avant les gelées. Pour la récolte des fruits mûrs, coupez le pédoncule le plus près possible des tiges (si celui-ci se cassait, poudrez immédiatement de lithothamne pour faciliter la cicatrisation). Laissez sécher une journée au soleil les fruits coupés, puis rentrez-les et conservez-les dans un local ventilé, même chaud (de 10 à 25 °C).

African squash

Cucurbita moschata (Duchesne)

ALBINO PEPITA

Cucurbita mixta (Pangalo) ou *argyrosperma* hort.

Originaire du Mexique, cette courge très coureuse produit des tiges rampantes qui s'allongent sur plus de 6 m ; les feuilles vert foncé, tachetées de blanc, sont d'assez grande taille. Les fruits sont tronconiques, plus larges côté ombilic, plus étroits côté pédoncule. La peau est tendre, de couleur blanche, rayée longitudinalement de larges marbrures vertes qui deviennent orange à maturité. La chair, épaisse de 2 cm, est tendre, un peu filandreuse, de couleur jaune, peu parfumée. Chaque plant peut porter 2 à 5 fruits.

20 à 30 cm de diamètre, sur 25 à 35 cm de hauteur.

3 à 8 kg.

Récoltée à maturité, se conserve de 3 à 8 mois.

De septembre à décembre.

Crue, râpée avec une vinaigrette, ou avec d'autres crudités dans une salade composée. Cuite, elle se prépare à la façon des courgettes.

Culture

À partir du 15 avril, pour gagner un peu de temps et éviter le pourrissement de la graine, vous pouvez faire débuter la germination sur un coton humide dans une boîte en plastique transparente, en maintenant une température supérieure à 20 °C. Dès l'apparition du germe, mettez 1 graine par godet et assurez un arrosage peu abondant pour terminer la levée (1 semaine). Assurez des arrosages fréquents jusqu'à la plantation en pleine terre, en plein air à partir du 15 mai, à bonne exposition. La durée de végétation de ces variétés est assez longue (100 à 120 jours).

Le semis en pleine terre ou la plantation s'effectuent dans des poquets espacés de 2 à 2,50 m en tous sens et préparés 8 à 15 jours auparavant avec 2 bonnes « fourchées » de compost ; tassez et recouvrez avec la terre retirée, puis couvrez les graines de 1 à 2 cm de terreau ou tassez le plant pour favoriser la reprise. Plantez en cuvette pour faciliter l'arrosage. Paillez pour éviter les arrosages trop fréquents.

Récolte et conservation

Les fruits doivent être récoltés à maturité (le plus tard possible).

Laissez sécher une journée au soleil les fruits coupés, puis rentrez-les et conservez-les dans un local chaud et ventilé (de 10 à 25 °C).

Albino pepita

Cucurbita mixta (Pangalo)
ou *argyrosperma* hort.

AMERINDIAN

Cucurbita maxima (Duchesne)

Cette courge originaire d'Amérique du Sud est coureuse et assez vigoureuse ; les vignes s'allongent sur plus de 3 m et les feuilles, de taille moyenne, sont arrondies. Les fruits, en forme de banane, présentent un ombilic liégeux. La peau de couleur verte, un peu granuleuse, à côtes presque inexistantes, est rayée longitudinalement de quelques lignes plus claires (parfois blanches). La chair ferme et fibreuse, épaisse de 2 cm environ, de couleur orange, est de bonne qualité. Chaque plant peut porter de 4 à 7 fruits.

10 à 15 cm de diamètre pour la partie cylindrique, sur 30 à 40 cm de longueur.

2 à 5 kg.

Récoltée à maturité, se conserve de 4 à 8 mois.

De septembre à janvier.

En potage, purée, gratin, tourte, pain, confiture…

Culture

Semez en godet (2 ou 3 graines) à partir du 15 avril, à la lumière, en maintenant une température d'au moins 20 °C. Assurez des arrosages fréquents jusqu'à la plantation en pleine terre. Taillez après les 2 premières feuilles pour que la plante s'étoffe ; la fructification sera plus importante.

Après le 15 mai, mettez en place avec une pelletée de compost en espaçant les plants de 2 m en tous sens.

De fin avril à mi-mai, en pleine terre, semez en place 2 ou 3 graines dans des poquets espacés de 2 m en tous sens. Par la suite, ne gardez que le plus beau pied et arrosez régulièrement pendant toute la période de végétation de 3 à 5 mois.

Un paillage du sol évitera la prolifération des herbes et maintiendra la fraîcheur. Cette opération se fait lorsque les plants sont suffisamment développés. Une plante trop envahissante peut être avantageusement taillée, mais veillez à ne couper qu'après la feuille qui suit une fleur femelle.

Récolte et conservation

Pour la conservation, récoltez les fruits le plus tard possible (autour du 15 octobre), avant les gelées.

Pour la récolte des fruits mûrs, coupez le pédoncule le plus près possible des tiges. Laissez sécher les fruits coupés au moins une journée au soleil, puis rentrez-les et conservez-les dans un local chaud et ventilé (10 à 25 °C).

Amerindian

Cucurbita maxima (Duchesne)

ARIKARA

Cucurbita maxima (Duchesne)

Cette courge coureuse, cultivée par les Indiens Omaha, était la principale nourriture des Amérindiens. Ses tiges rampantes s'allongent sur plus de 3 m et portent des feuilles arrondies de taille moyenne. Les fruits rouge orangé à rose pastel, de forme ovale, sont parfois marqués, à maturité, de nombreuses lignes longitudinales liégeuses ; du côté de l'ombilic protubérant, couronné et liégeux, on remarque une tache bleu pastel en étoile. La chair peu épaisse, de couleur orangée, est filandreuse. Chaque plant donne 2 à 8 fruits.

20 à 30 cm de diamètre,
sur 30 à 40 cm de longueur.

2 à 6 kg.

Récoltée à maturité,
se conservede de 3 à 9 mois.

De septembre à janvier.

En potage, gratin, purée, pain, confiture…

Culture

Semez en godet (1 ou 2 graines) entre le 15 et le 30 avril ; maintenez un arrosage régulier, mais pas trop abondant pour éviter le pourrissement des graines. La plantation en pleine terre s'effectue après les « saints de glace » (15 mai).
De fin avril à mi-mai, en pleine terre, semez en place 2 ou 3 graines dans des poquets espacés de 2 m en tous sens. Par la suite, ne gardez qu'un pied et arrosez régulièrement pendant la période de végétation.
Vous pouvez effectuer la plantation, à partir du 15 mai, sur un plastique dont vous recouvrirez le pourtour de terre et dans lequel vous pratiquerez un trou. À la plantation, en pleine terre, mettez une pelletée de compost dans chaque trou, les poquets étant espacés de 2 m au moins en tous sens. N'oubliez pas de perforer le plastique à l'aide d'une fourche pour laisser passer l'eau de pluie, et de former une petite cuvette autour de chaque plant pour faciliter l'arrosage hebdomadaire.
Une plante trop envahissante peut être taillée, mais ne coupez qu'après la feuille qui suit une fleur femelle.

Récolte et conservation

Les fruits doivent être récoltés à maturité (autour du 15 octobre), avant les gelées. Coupez le pédoncule le plus près possible des tiges. Laissez sécher les fruits une journée au soleil, puis rentrez-les et conservez-les au sec dans un local ventilé.

Arikara

Cucurbita maxima (Duchesne)

AUTUMN QUEEN

Cucurbita pepo (Linné)

Cette variété américaine de type « acorn » (en forme de gland) est semi-coureuse ; les nombreuses tiges rampantes, assez fines, s'allongent sur 2 m environ ; les feuilles sont petites à moyennes et découpées. Les fruits sont côtelés, d'abord vert foncé puis plus ou moins orangés en vieillissant. La peau est dure, ce qui rend l'épluchage difficile. La chair, de couleur orange, est peu fibreuse, ferme, très parfumée et de bonne qualité gustative ; sa saveur rappelle un peu le goût de la noisette et de l'amande. Cette variété très hâtive (70 jours) produit beaucoup de fruits : chaque plant donne en général 4 à 8 fruits.

8 à 14 cm de diamètre, sur 10 à 15 cm de longueur.

Environ 500 g.

Récoltée à maturité, se conserve de 3 à 6 mois.

De juillet à décembre.

Jeune : crue, râpée ou cuite farcie ou sautée. À maturité : sautée, au four, en purée, pain, confiture, flan, sorbet...

Culture

Vers le 15 avril, semez 2 ou 3 graines dans des godets remplis aux 3/4 d'un mélange de terre de jardin et de terreau ; recouvrez les graines de 1 cm du même mélange. Arrosez suffisamment, mais sans excès. La levée demande 5 à 10 jours. Ne conservez qu'un plant par godet, le plus vigoureux.

Mettez en place lorsque les gelées ne sont plus à craindre, vers la fin mai, à bonne exposition.

Le semis en pleine terre ou la plantation s'effectuent dans des poquets espacés de 1,50 m en tous sens et préparés quelque 8 à 15 jours auparavant avec 2 bonnes « fourchées » de compost ; tassez et recouvrez avec la terre retirée, puis couvrez les graines de 1 à 2 cm de terreau ou tassez le plant pour favoriser la reprise.

Un paillage du sol évitera la prolifération des herbes et maintiendra la fraîcheur. Cette opération se fait lorsque les jeunes plants sont suffisamment développés.

Récolte et conservation

Les fruits doivent être consommés rapidement lorsqu'ils sont récoltés jeunes. Vous pouvez aussi les récolter à maturité, juste avant les gelées. Conservez-les dans un local ventilé entre 10 et 25 °C.

Autumn queen

Cucurbita pepo (Linné)

BABY BEAR

Cucurbita pepo (Linné)

Créée en 1993, cette courge a été développée par Johnny's et a obtenu un très grand succès en Amérique du Nord. Elle est issue d'un croisement entre New England pie et une petite courge à graines demi-nues. C'est une variété coureuse, mais les tiges rampantes sont deux fois moins longues que celles des autres variétés (2 à 3 m tout au plus). Ses fruits orange foncé à maturité, ronds mais aplatis aux deux extrémités, ont une peau lisse, finement marquée de côtes régulières. Le long pédoncule vert foncé, assez fin mais vigoureux, permet de saisir facilement le fruit. La chair jaune foncé, épaisse de 1 à 1,5 cm, est de bonne qualité. Les graines sont demi-nues. Chaque plant peut produire de 5 à 12 fruits.

10 à 12 cm de diamètre, sur 8 cm de hauteur.

500 g à 1 kg.

Récoltée à maturité, se conserve de 3 à 6 mois.

De septembre à décembre.

C'est une excellente petite courge à sculpter (fête d'Halloween). Farcie, en tarte, flan, potage, confiture… Les graines sont très bonnes grillées.

Culture

Vers la mi-avril, semez 2 ou 3 graines dans des godets remplis aux 3/4 d'un mélange de terre de jardin, de terreau et de sable. La levée demande 5 à 10 jours. Ne conservez qu'un plant dans chaque godet. Assurez des arrosages fréquents mais modérés jusqu'à la plantation.
Mettez en place lorsque les gelées ne sont plus à craindre, en choisissant une exposition ensoleillée.
De fin avril à mi-mai, semez en place 2 ou 3 graines dans des poquets espacés de 1,50 à 2 m en tous sens. Par la suite, ne gardez que le pied le plus vigoureux et assurez un arrosage régulier pendant toute la période de développement de 105 jours environ.

Récolte et conservation

Les fruits se récoltent lorsqu'ils sont mûrs, quand les feuilles sont en partie sèches, juste avant les gelées. La récolte se fait par temps sec. Coupez le pédoncule le plus près possible des tiges et laissez au moins une journée au soleil les fruits coupés. Conservez-les dans un local ventilé et chaud.

Baby bear

Cucurbita pepo (Linné)

BABY BOO

Cucurbita pepo (Linné)

Cette courge miniature est coureuse, mais les tiges rampantes sont fines et deux fois moins longues que celles des autres variétés (2 à 3 m tout au plus). Les feuilles sont arrondies et de petite taille. Les fruits, blanc pur à ivoire, ronds et aplatis aux deux extrémités, sont très côtelés. Le pédoncule vert est assez fin. La chair blanche, peu épaisse (1 cm), est farineuse et sucrée avec un goût de châtaigne. Chaque plant peut produire 8 à 20 fruits.

5 à 8 cm de diamètre, sur 2 à 3 cm de hauteur.

100 à 200 g.

Récoltée à maturité, se conserve de 3 à 12 mois.

D'août à février.

Excellente petite courge, utilisée dans des recettes variées et poétiques, ou comme décor avec d'autres coloquintes.

Culture

Semez en godet (2 graines) à partir de la mi-avril. Assurez des arrosages réguliers jusqu'à la plantation en pleine terre, en plein air à partir du 15 mai, à bonne exposition ; vous pouvez aussi planter plus tôt sous tunnel plastique. Après le 15 mai, mettez en place avec une pelletée de compost, en espaçant les plants de 1,50 m.

De fin avril à mi-mai, en pleine terre, semez en place 2 ou 3 graines dans des poquets espacés de 1,50 m en tous sens. Par la suite, ne gardez que le plant le plus vigoureux et arrosez régulièrement pendant toute la période de végétation de 3 à 5 mois. Les fruits étant petits, vous pouvez faire grimper la plante sur une grille, un petit arbre mort, un support qui soit adapté à l'endroit de culture et à l'environnement, ou même l'installer au milieu d'un parterre de fleurs.

Une couverture du sol à base de paillettes de lin, de paille, de compost frais ou de tontes de gazon, sur 5 à 7 cm d'épaisseur, évitera la prolifération des « mauvaises » herbes et maintiendra la fraîcheur. Cette opération se fait lorsque les plants sont suffisamment développés.

Récolte et conservation

Les fruits se récoltent à partir de la fin août ou à complète maturité, juste avant les gelées. La récolte se fait par temps sec. Coupez le pédoncule le plus près possible des tiges et conservez les fruits dans un local ventilé et chaud.

Baby boo

Cucurbita pepo (Linné)

BABY HUBBARD BLUE

Cucurbita maxima (Duchesne)

Originaire d'Amérique du Sud, cette variété est issue d'un croisement de blue hubbard avec buttercup. C'est une courge semi-buissonnante dont les fines tiges rampantes ne dépassent guère 1 m. Les feuilles sont arrondies, presque entières (3 lobes peu marqués), à long pétiole. Les fruits, en forme de toupie ou de figue, présentent un ombilic quelque peu protubérant et une peau lisse de couleur gris-bleu. La chair est sucrée, sèche et dure, de couleur jaune orangé. Chaque plant peut porter 2 à 5 fruits.

10 à 12 cm de diamètre.

500 g à 1 kg.

Récoltée à maturité,
se conserve de 3 à 6 mois.

D'octobre à janvier.

Crue, râpée. Cuite : en gratin, pain, purée, potage, confiture, compote de fruits…

Culture

Vers la mi-avril, semez 2 ou 3 graines dans des godets remplis d'un mélange de terre de jardin, de terreau et de sable. Arrosez pour maintenir l'humidité, mais sans excès afin d'éviter que les graines ne pourrissent. Ne conservez qu'un plant dans chaque godet. Assurez des arrosages fréquents mais modérés jusqu'à la plantation. Mettez en place vers la fin mai, à une exposition ensoleillée. À la plantation, en pleine terre, mettez une pelletée de compost dans chaque trou, les poquets étant espacés de 1,50 m en tous sens. Faites une cuvette autour de chaque plant pour faciliter l'arrosage et évitez d'arroser les feuilles.
Vous pouvez aussi semer en place de fin avril à mi-mai en pleine terre.
Une couverture du sol à base de paillettes de lin, de paille, de compost frais ou de tontes de gazon, sur 5 à 7 cm d'épaisseur, évitera la prolifération des herbes et maintiendra la fraîcheur. Cette opération se fait lorsque les plants sont assez développés.

Récolte et conservation

Les fruits doivent être récoltés à maturité. Coupez le pédoncule le plus près possible des tiges. Laissez sécher au moins une journée au soleil les fruits coupés, puis rentrez-les dans un local ventilé. Évitez de cogner les fruits.

Baby hubbard blue

Cucurbita maxima (Duchesne)

BENINCASA

Benincasa cerifera (Savi) – *Cucurbita cerifera* (Fisher)

Cette plante originaire d'Asie tropicale a gagné la Chine, la Thaïlande, l'Inde, les îles du Pacifique et l'Australie. Ses tiges minces, anguleuses, dotées de vrilles simples, grimpantes ou rampantes, atteignent 2,50 m. Les feuilles sont assez grandes, poilues, cordiformes, arrondies en lobes peu marqués, plissées et dentées, de couleur vert foncé dessus mais vert clair dessous. Les grandes fleurs solitaires sont jaunes. Chaque plant donne en général 2 à 4 fruits presque sphériques, se terminant en pointe côté ombilic (Tongwa), ovoïdes, oblongs ou cylindriques (Tseetgwa). L'épiderme est d'abord vert parsemé de taches plus claires, couvert de poils épais et rudes qui disparaissent à maturité, alors qu'une matière cireuse, sorte de pruine blanchâtre avec des reflets bleutés, couvre entièrement les fruits. La chair blanche, aqueuse et douce, de bonne qualité, se situe entre le concombre et la courge.

10 à 15 cm de diamètre, sur 20 à 50 cm de longueur.

2 à 8 kg.

Récoltée à maturité, se conserve de 6 à 12 mois.

De septembre à janvier.

Cuits, les fruits sont préparés à l'aigre-doux ou en gratin.

Culture

À la mi-avril, semez 2 ou 3 graines dans des godets remplis de terreau de semis, dans une serre ou une pièce disposant d'un chauffage de fond, entre 25 et 30 °C. N'oubliez pas de maintenir une humidité constante, mais pas trop abondante, dans les godets. Ne gardez qu'un seul sujet par pot.
Vers la fin mai, mettez en place dans des poquets remplis d'un compost bien décomposé, à 1,50 m de distance en tous sens ou bien à 1 m le long d'un mur équipé d'un treillage, d'un grillage ou d'une tonnelle. Au nord de la Loire, il faut cultiver cette plante en serre froide ou bien dans un endroit très bien exposé et abrité ; ailleurs, elle peut être cultivée sans problème en plein air, à bonne exposition.

Récolte et conservation

Les fruits doivent être récoltés à maturité. Rentrez et conservez-les dans un local ventilé (10 à 25 °C), en évitant de les cogner, car ils ne se conserveraient que peu de temps.

Benincasa

Benincasa cerifera (Savi)
Cucurbita cerifera (Fisher)

BLACK FOREST

Cucurbita maxima (Duchesne)

Cette courge américaine coureuse produit des tiges qui s'allongent jusqu'à 3 m, et des feuilles arrondies. Elle donne des fruits sphériques, aplatis aux deux extrémités, à peau légèrement bosselée, vert foncé mais plus clairs dans les creux et rayés d'une dizaine d'étroites bandes vert clair sur la partie la plus renflée. La chair, épaisse de 2 à 3 cm, mi-sèche, de couleur orange foncé, au goût sucré, est d'excellente qualité. Chaque plant peut porter 4 ou 5 fruits.

12 à 16 cm de diamètre, sur 10 cm de hauteur.

1 à 2 kg.

Récoltée à maturité, se conserve de 3 à 8 mois.

D'octobre à décembre.

Crue, râpée. Cuite : en gratin, pain, purée, potage, soufflé, frite, en tarte, confiture…

Culture

Vers le 15 avril, semez 2 ou 3 graines dans des godets remplis d'un mélange de terre de jardin et de terreau ; maintenez à la lumière du jour et à une température avoisinant 20 °C. Arrosez suffisamment, mais sans excès. Ne conservez qu'un plant par godet.
Mettez en place lorsque les gelées ne sont plus à craindre, vers la fin mai, à bonne exposition.
Le semis en pleine terre ou la plantation s'effectuent dans des poquets espacés de 2 m en tous sens et préparés 8 à 15 jours auparavant avec 2 bonnes « fourchées » de compost ; tassez et recouvrez avec la terre retirée, puis couvrez les graines de 1 à 2 cm de terreau ou tassez le plant pour favoriser la reprise.
N'oubliez pas de former une petite cuvette autour de chaque plant pour faciliter l'arrosage hebdomadaire (1 à 3 litres d'eau additionnés de 10 % de purin d'ortie).
Préparation du purin d'ortie : remplissez aux 3/4 un tonneau d'orties, tassez bien et maintenez les orties à l'aide d'une grosse pierre plate. Remplissez d'eau et laissez macérer ensuite entre 1 semaine et 15 jours.

Récolte et conservation

Les fruits doivent être récoltés à maturité. Laissez sécher au moins une journée au soleil les fruits coupés, puis conservez-les dans un local ventilé.
Pour le stockage, évitez de superposer les fruits.

Black forest

Cucurbita maxima (Duchesne)

BLACK HUBBARD

Cucurbita maxima (Duchesne)

Originaire d'Amérique du Sud, cette variété coureuse produit des tiges rampantes qui s'allongent sur 3 m environ et des feuilles vert foncé de taille moyenne, arrondies en lobes peu marqués. Elle donne des fruits à peau bosselée, en forme de toupie double (pointus côté pédoncule et côté ombilic), noir verdâtre, parfois rayés de quelques lignes vert clair sur la partie conique côté ombilic. L'ombilic est protubérant, le pédoncule cylindrique et liégeux. La chair, épaisse de 3 cm, de couleur orange, peu sucrée, un peu farineuse, est d'assez bonne qualité. Chaque plant porte généralement 2 à 5 fruits.

15 à 25 cm de diamètre,
sur 20 à 30 cm de longueur.

3 à 6 kg.

Récoltée à maturité,
se conserve de 4 à 9 mois.

D'octobre à janvier.

En gratin, pain, purée, potage,
soufflé, tarte, confiture...

Culture

Vers le 15 avril, semez 2 ou 3 graines dans des godets remplis d'un mélange de terre de jardin et de terreau. La levée demande de 5 à 10 jours. Ne conservez qu'un plant par godet, le plus vigoureux. Continuez les arrosages, fréquents mais modérés, jusqu'à la plantation.
Mettez en place lorsque les gelées ne sont plus à craindre, c'est-à-dire vers la fin mai, à bonne exposition.
Le semis en pleine terre ou la plantation s'effectuent dans des poquets espacés de 2 m en tous sens et préparés 8 à 15 jours auparavant avec 2 bonnes « fourchées » de compost.
Vous pouvez effectuer la plantation, à partir du 15 mai, sur un plastique noir dont vous recouvrirez le pourtour de terre et dans lequel vous pratiquerez un trou pour le repiquage de chaque plante, les poquets étant espacés de 2 m au moins en tous sens. N'oubliez pas de perforer le plastique à l'aide d'une fourche pour laisser passer l'eau de pluie.

Récolte et conservation

Les fruits doivent être récoltés à maturité. Laissez sécher au moins une journée au soleil les fruits coupés, puis conservez-les au sec dans un local ventilé. Évitez de cogner les fruits.

Black hubbard

Cucurbita maxima (Duchesne)

BLUE BALLET

Cucurbita maxima (Duchesne)

Originaire d'Amérique du Sud, cette courge coureuse est une réduction de blue hubbard. Les tiges rampantes assez fines s'allongent sur 3 m environ. Les feuilles de taille moyenne sont arrondies en lobes peu marqués. Les fruits, à peau lisse, avec parfois quelques fines aspérités liégeuses, sont gris-bleu ; ils adoptent la forme d'une toupie, avec un ombilic protubérant comme les hubbard. La chair orange, épaisse de 3 cm, fibreuse mais ferme, au goût sucré, est d'excellente qualté. Cette variété est peu productive : chaque plant peut porter 2 ou 3 fruits.

15 à 20 cm de diamètre.

2 à 3 kg.

Récoltée à maturité,
se conserve de 3 à 8 mois.

D'octobre à février.

Crue, râpée. Cuite : en gratin, pain, purée, potage, confiture.

Culture

Vers le 15 avril, semez 2 ou 3 graines dans des godets remplis aux 3/4 d'un mélange de terre de jardin et de terreau ; recouvrez les graines de 1 cm du même mélange ; maintenez à la lumière du jour et à une température avoisinant 20 °C. Arrosez suffisamment, mais sans excès pour éviter le pourrissement des graines. La levée demande de 5 à 10 jours. Ne conservez qu'un plant par godet. Continuez les arrosages jusqu'à la plantation.

Mettez en place lorsque les gelées ne sont plus à craindre, vers la fin mai, à bonne exposition.

Le semis en pleine terre ou la plantation s'effectuent dans des poquets préparés avec une pelletée de compost et espacés de 2 m en tous sens.

Vous pouvez effectuer la plantation, à partir du 15 mai, sur un plastique noir dont vous recouvrirez le pourtour de terre et dans lequel vous pratiquerez un trou pour le repiquage de chaque plante. N'oubliez pas de perforer le plastique à l'aide d'une fourche pour laisser passer l'eau de pluie. Arrosez régulièrement.

Récolte et conservation

Les fruits doivent être récoltés à maturité. Laissez sécher au moins une journée au soleil les fruits coupés, puis conservez-les dans un local ventilé (10 à 25 °C). Évitez de cogner les fruits.

Blue ballet

Cucurbita maxima (Duchesne)

BLUE BANANA

Cucurbita maxima (Duchesne)

Cette courge américaine, coureuse et assez vigoureuse, produit des vignes qui s'allongent sur plus de 3 m et des feuilles arrondies. Les fruits, en forme de banane, présentent un ombilic liégeux. La peau, de couleur gris-vert à gris-bleu, avec quelques aspérités liégeuses, est fine. Le pédoncule cylindrique est gros et court. La chair sèche, non fibreuse, épaisse, de couleur jaune foncé, est de bonne qualité. Chaque plant peut porter 2 à 5 fruits. Autres noms : grey banana, green banana, bananina blue.

12 à 20 cm de diamètre, sur 30 à 70 cm de longueur.

5 à 12 kg.

Récoltée à maturité, se conserve de 4 à 8 mois.

D'octobre à février.

En gratin, purée, potage, tarte, confiture.

Culture

Semez en godet (2 ou 3 graines) à partir du 15 avril, à la lumière, en maintenant une température d'au moins 20 °C et un arrosage pas trop abondant pour éviter le pourrissement des graines. La levée demande 1 semaine à 10 jours. Assurez des arrosages fréquents jusqu'à la plantation en pleine terre. Après le 15 mai, mettez en place avec une pelletée de compost en espaçant les plants de 2 m en tous sens.

De fin avril à mi-mai, en pleine terre, semez en place 2 ou 3 graines dans des poquets espacés de 2 m en tous sens. Par la suite, ne gardez que le plus beau pied et arrosez régulièrement pendant toute la période de végétation qui dure de 3 à 5 mois.

Un paillage du sol, sur 5 à 7 cm d'épaisseur, évitera la prolifération des herbes et maintiendra la fraîcheur. Cette opération se fait lorsque les plants sont suffisamment développés. Vous pouvez isoler les fruits du sol au moyen d'une planchette ou bien d'une tuile plate.

Une plante trop envahissante peut être taillée, mais veillez au cours de cette opération à ne couper qu'après la feuille qui suit une fleur femelle.

Récolte et conservation

Récoltez les fruits le plus tard possible (autour du 15 octobre). Coupez le pédoncule le plus près possible des tiges. Laissez sécher les fruits au moins une journée au soleil, puis conservez-les dans un local chaud et ventilé.

Blue banana

Cucurbita maxima (Duchesne)

BLUE HUBBARD

Cucurbita maxima (Duchesne)

Originaire d'Amérique du Sud, cette variété est coureuse. Les tiges rampantes s'allongent sur 4 à 5 m. Les feuilles, de grande taille, sont arrondies, en lobes peu marqués. Les fruits légèrement côtelés, verruqueux, sont oblongs, pointus côté pédoncule et côté ombilic ; ils sont d'un gris-vert bleuté uni. L'ombilic est protubérant, l'écorce épaisse et très dure. La chair épaisse, sèche, de couleur jaune orangé, douce, peu sucrée, à grain fin, est de bonne qualité. Chaque plant peut donner 2 à 4 fruits. Autre nom : courge de hubbard bleue.

20 à 30 cm de diamètre, sur 35 à 50 cm de longueur.

5 à 12 kg.

Récoltée à maturité, se conserve de 4 à 12 mois.

D'octobre à mars.

En gratin, pain, purée, potage, soufflé, tarte, confiture…

Culture

Vers le 15 avril, semez 2 ou 3 graines dans des godets remplis aux 3/4 d'un mélange de terre de jardin et de terreau ; recouvrez les graines de 1 cm du même mélange, maintenez à la lumière du jour et à une température avoisinant 20 °C. Arrosez suffisamment, mais sans excès pour éviter le pourrissement des graines. La levée demande de 5 à 10 jours. Ne conservez qu'un plant par godet, le plus vigoureux. Continuez les arrosages jusqu'à la plantation.

Mettez en place lorsque les gelées ne sont plus à craindre, vers la fin mai, à bonne exposition.

Le semis en pleine terre ou la plantation s'effectuent dans des poquets espacés de 2 à 2,50 m en tous sens et préparés 8 à 15 jours auparavant avec 2 bonnes « fourchées » de compost ; tassez et recouvrez avec la terre retirée, puis couvrez les graines de 1 à 2 cm de terreau ou tassez le plant pour favoriser la reprise.

Un arrosage hebdomadaire (1 à 3 litres d'eau additionnés de 10 % de purin d'ortie) est nécessaire.

Récolte et conservation

Les fruits doivent être récoltés à maturité. Coupez le pédoncule le plus près possible des tiges. Laissez sécher au moins une journée au soleil les fruits coupés, puis rentrez-les et conservez-les dans un local ventilé.

Blue hubbard

Cucurbita maxima (Duchesne)

BUFFALO GOURD

Cucurbita fœtidissima (Humboldt, Bonpland et Kunth)

Cette courge est vivace, même sous nos climats, elle résiste à des gelées d'environ – 20 °C. Munie de grosses racines blanches, elle produit des tiges rampantes de plus de 6 m de longueur. Les feuilles de couleur gris-vert sont entières, triangulaires, d'assez petite taille. Les fruits sont ronds, vert-gris clair rayé de vert foncé ; ils peuvent atteindre 25 cm de diamètre, mais la plupart du temps n'en font qu'à peine la moitié. Les graines, riches en huile et en protéines, sont comestibles et étaient consommées sous forme de bouillie par les Indiens du Sud-Ouest américain. Cette plante, qui contient de la saponine, était utilisée comme savon pour les mains et pour blanchir le linge par ces mêmes Indiens. Elle fut aussi largement utilisée pour soigner les plaies ouvertes des hommes et des chevaux. La fructification est difficile. Autres variétés : Missouri gourd, calabazilla.

8 à 12 cm de diamètre.

100 à 200 g.

Récoltée à maturité, se conserve plus de 12 mois et peut même sécher.

Les graines peuvent être séchées et utilisées toute l'année.

Seules les graines peuvent être consommées en bouillie.

Culture

Vers le 15 avril, semez 2 ou 3 graines dans des godets remplis d'un mélange de terre de jardin et de terreau ; maintenez à la lumière du jour et à une température d'au moins 20 °C. Arrosez suffisamment, mais sans excès. La levée demande 1 à 2 semaines. Continuez les arrosages jusqu'à la plantation.
Mettez en place lorsque les gelées ne sont plus à craindre, vers la fin mai, à bonne exposition, avec une pelletée de compost, de préférence au pied d'un treillage ou d'un mur pour la faire grimper. Pour le choix de l'endroit de plantation, n'oubliez pas qu'il s'agit d'une plante vivace. Protégez un peu les racines du gel pendant l'hiver (tourbe, paille, fougères...).

Récolte et conservation

Les fruits doivent être récoltés à maturité. Coupez le pédoncule le plus près possible des tiges, puis rentrez les fruits et conservez-les dans la maison.

Buffalo gourd

Cucurbita fœtidissima
(Humboldt, Bonpland et Kunth)

BUTTERCUP

Cucurbita maxima (Duchesne)

***O**riginaire d'Amérique du Sud, cette courge coureuse produit des tiges qui traînent sur 2 à 3 m, et des feuilles vert foncé arrondies. Les fruits, en forme de tambour (très plats) côté pédoncule, en forme de turban ou de bouton côté ombilic, sont vert foncé, rayés sur la périphérie d'étroites bandes gris-vert pastel ; la partie en bouton est aussi gris-vert pastel avec un ombilic protubérant. La chair, très épaisse côté pédoncule, est sèche, orange foncé, fine, sucrée, d'excellente qualité. Chaque plant peut porter 3 à 5 fruits.*

13 à 20 cm de diamètre.

1 à 2 kg.

Récoltée à maturité,
se conserve de 3 à 7 mois.

D'octobre à février.

Crue, râpée. Cuite : en gratin, pain, purée, potage, soufflé, frite, en tarte, confiture…

Culture

Vers le 15 avril, semez 2 ou 3 graines dans des godets remplis aux 3/4 d'un mélange de terre de jardin et de terreau ; recouvrez les graines de 1 cm du même mélange, maintenez à la lumière du jour et à une température avoisinant 20 °C. Arrosez suffisamment, mais sans excès pour éviter le pourrissement des graines. La levée demande de 5 à 10 jours. Ne conservez qu'un plant par godet, le plus vigoureux. Continuez les arrosages jusqu'à la plantation.

Mettez en place lorsque les gelées ne sont plus à craindre, vers la fin mai, à bonne exposition.

Le semis en pleine terre ou la plantation s'effectuent dans des poquets espacés d'au moins 1,50 m en tous sens avec 2 bonnes « fourchées » de compost ; tassez et recouvrez avec la terre retirée, puis couvrez les graines de 1 à 2 cm de terreau ou tassez le plant pour favoriser la reprise. Il est recommandé de pailler pour espacer les arrosages.

Récolte et conservation

Les fruits doivent être récoltés à maturité. Laissez sécher au moins une journée au soleil les fruits coupés, puis conservez-les dans un local ventilé entre 10 et 25 °C.

Pour le stockage, évitez de superposer ou de cogner les fruits ; ils se conserveraient moins longtemps.

Buttercup

Cucurbita maxima (Duchesne)

BUTTERNUT

Cucurbita moschata (Duchesne)

Cette variété américaine coureuse, assez tardive, présente des feuilles velues de couleur vert foncé. Les tiges rampantes s'allongent sur plus de 3 m et sont aussi pourvues de poils fins. Les fruits cylindriques, terminés par un renflement plus où moins important côté ombilic, adoptent la forme d'une cloche. La peau lisse, vert clair, devient ocre en vieillissant. La chair jaune à jaune orangé est ferme mais tendre, avec un goût musqué ; c'est une excellente courge. La partie renflée contient les graines, la partie cylindrique est entièrement pleine. Chaque plant peut porter 4 à 7 fruits. Autres variétés très proches : butternut waltham, butternut hercules, butternut improved, butternut suprême (F1)…

8 à 12 cm de diamètre pour la partie cylindrique, 10 à 14 cm pour la partie renflée, sur 15 à 25 cm de longueur.

1,5 à 3 kg.

Récoltée à maturité, se conserve de 4 à 10 mois.

D'août à mars.

Crue, râpée. Cuite : en gratin, pain, purée, potage, soufflé, frite, en tarte, confiture…

Culture

Semez en godet (1 à 3 graines) à partir du 15 avril, en maintenant une température d'au moins 20 °C et un arrosage suffisant. La levée demande 1 semaine à 10 jours. Ne gardez qu'un pied dans chaque godet. Maintenez des arrosages fréquents jusqu'à la plantation en pleine terre, en plein air début juin, à bonne exposition.
Semez en place de fin avril à fin mai en pleine terre ou sous minitunnel (réalisé à l'aide d'un plastique à bulles) pour accélérer la germination.
Au semis ou à la plantation, en pleine terre, au soleil, mettez 1 ou 2 pelletées de compost dans chaque trou, les poquets étant espacés de 2 m en tous sens. Arrosez régulièrement pendant toute la durée de végétation.

Récolte et conservation

Les fruits doivent être récoltés à maturité. Pour la récolte des fruits mûrs, coupez le pédoncule le plus près possible des tiges. Laissez sécher les fruits coupés, puis rentrez-les et conservez-les dans un local ventilé, même chaud (de 10 à 25 °C).

Butternut

Cucurbita moschata (Duchesne)

CANDELARIA

Cucurbita pepo (Linné)

Il s'agit d'une variété chilienne coureuse de type Jack o'lantern. Ses fruits orange vif sont légèrement côtelés. Le pédoncule long et fort est vert foncé. La chair, épaisse de 3 à 4 cm, de couleur orange clair, est de bonne qualité. Chaque plant peut porter 2 ou 3 fruits.

20 à 30 cm de diamètre,
sur 25 à 40 cm de hauteur.

6 à 12 kg.

Récoltée à maturité,
se conserve de 1 à 4 mois.

D'octobre à décembre.

C'est une excellente courge à sculpter (Halloween).
On la consomme aussi en tarte, flan, potage, purée, chutney, confiture…

Culture

Semez en godet (1 à 3 graines) à partir de fin avril, à la lumière, en maintenant une température d'au moins 20 °C et un arrosage pas trop abondant pour éviter le pourrissement des graines. Ne gardez que 1 ou 2 pieds par godet. Assurez ensuite des arrosages fréquents mais modérés jusqu'à la plantation en pleine terre, en plein air à partir du 15 mai, à bonne exposition.
Semez en place, de fin avril à mi-mai en pleine terre, sous minitunnel (plastique à bulles), 2 ou 3 graines par poquet. Ne gardez que le pied le plus vigoureux et assurez un arrosage fréquent et régulier pendant toute la période de développement de 3 à 4 mois.
Au semis ou à la plantation, en pleine terre, mettez une pelletée de compost dans chaque trou, les poquets étant espacés de 2 m au moins en tous sens. N'oubliez pas de former une cuvette autour de chaque plant pour faciliter l'arrosage (évitez durant cette opération de mouiller les feuilles). Un arrosage par semaine suffit.
Pour obtenir de plus gros fruits, pincez (c'est-à-dire coupez) la tige 1 à 2 feuilles après chaque fruit et ne gardez pas plus de 2 fruits par plant.

Récolte et conservation

Les fruits se récoltent à partir du 15 septembre lorsqu'ils prennent une couleur orange. La récolte se fait par temps sec. Conservez les fruits dans un local bien ventilé entre 10 et 20 °C.

Candelaria

Cucurbita pepo (Linné)

CHESNUT

Cucurbita maxima (Duchesne)

***C**ette courge coureuse américaine est buissonnante, avec des feuilles plutôt petites et arrondies. Les premiers fruits (1 ou 2) se développent près du tronc, puis les tiges rampantes s'allongent sur environ 2 à 2,50 m et donnent de nouveaux fruits ; ceux-ci sont aplatis aux extrémités. La peau est fine, vaguement rugueuse, de couleur gris ardoise foncé. La chair orange foncé, épaisse de 3 cm, ferme et non fibreuse, au goût sucré, est d'excellente qualité. Cette courge est facile à stocker et se bonifie en vieillissant, mais elle est peu productive : chaque plant porte 2 à 4 fruits. Autre nom : chesnut bush.*

10 à 18 cm de diamètre, sur 10 à 12 cm de hauteur.

1 à 2 kg.

Récoltée à maturité, se conserve de 3 à 8 mois.

D'octobre à février.

En gratin, pain, purée, potage, soufflé, tarte, confiture…

Culture

Vers le 15 avril, semez 2 ou 3 graines dans des godets remplis aux 3/4 d'un mélange de terre de jardin et de terreau ; recouvrez les graines de 1 cm du même mélange, maintenez à la lumière du jour et à une température avoisinant 20 °C. Arrosez suffisamment, mais sans excès pour éviter le pourrissement des graines. La levée demande de 5 à 10 jours. Ne conservez qu'un plant par godet, le plus vigoureux. Continuez les arrosages jusqu'à la plantation.

Mettez en place lorsque les gelées ne sont plus à craindre, vers la fin mai, à bonne exposition.

Le semis en pleine terre ou la plantation s'effectuent dans des poquets espacés de 2 m en tous sens et préparés 8 à 15 jours auparavant avec 2 bonnes « fourchées » de compost. Tassez et recouvrez avec la terre retirée, puis couvrez les graines de 1 à 2 cm de terreau ou tassez le plant pour favoriser la reprise. Arrosez régulièrement (une à deux fois par semaine).

Récolte et conservation

Les fruits doivent être récoltés à maturité. Coupez le pédoncule le plus près possible des tiges. Laissez sécher au moins une journée au soleil les fruits coupés, puis conservez-les dans un local ventilé (10 à 25 °C). Évitez de cogner les fruits.

Chesnut

Cucurbita maxima (Duchesne)

CHIRIMEN

Cucurbita moschata (Duchesne)

Cette variété japonaise, très coureuse, est tardive. Elle présente des feuilles velues de couleur vert foncé, tachetées de blanc, et de nombreuses tiges rampantes qui s'allongent sur 3 à 4 m. Très tard dans la saison, elle donne des fruits aplatis côté ombilic, déprimés côté pédoncule, à côtes irrégulières, profondes et verruqueuses. La peau fine et tendre, d'abord vert très foncé, presque noire, devient chamois à maturité ou avec le vieillissement. La chair assez épaisse, de couleur jaune orangé, est ferme, douce et parfumée ; c'est une très bonne courge. Chaque plant peut porter 4 à 8 fruits. Autres noms : chu chirimen, churimen, bizen chirimen.

12 à 24 cm de diamètre, sur 8 à 14 cm de hauteur.

1 à 3 kg.

Récoltée à maturité, se conserve de 3 à 7 mois.

D'octobre à février.

Crue, râpée. Cuite : en gratin, purée, potage, soufflé, ratatouille, confiture…

Culture

Semez en godet (1 à 3 graines) à partir du 15 avril, à la lumière, en maintenant une température d'au moins 20 °C et un arrosage suffisant. La levée demande de 1 semaine à 10 jours. Lorsque la plante a 2 feuilles (sans compter les cotylédons), pincez (c'est-à-dire coupez) le bourgeon terminal pour provoquer la formation de 2 branches. Maintenez des arrosages fréquents moins modérés jusqu'à la plantation en pleine terre, en plein air début juin, à bonne exposition.

Semez en place de fin avril à fin mai en pleine terre ou sous minitunnel pour accélérer la germination.

Au semis ou à la plantation, en pleine terre, au soleil, mettez 1 ou 2 pelletées de compost dans chaque trou, les poquets étant espacés de 2 m en tous sens. N'oubliez pas de former une cuvette autour de chaque plant pour faciliter l'arrosage (évitez de mouiller les feuilles). Arrosez régulièrement.

Récolte et conservation

Les fruits doivent être récoltés à maturité. Coupez le pédoncule le plus près possible des tiges Laissez sécher les fruits coupés, puis rentrez-les et conservez-les dans un local ventilé, même chaud (de 10 à 25 °C).

Chirimen

Cucurbita moschata (Duchesne)

CHUSKA MT. NAVAJO

Cucurbita maxima (Duchesne)

O*riginaire d'Amérique du Sud, cette courge des Indiens Navajo est coureuse ; les tiges s'étirent sur plus de 3 m. Les feuilles vert moyen sont arrondies. Les fruits ovales, d'un vert franc, sont rayés d'étroites bandes vert clair du pédoncule à l'ombilic, parfois aussi de larges bandes rosées ; l'ombilic est protubérant, le pédoncule liégeux et cylindrique. La chair assez épaisse, de couleur jaune clair, peu sucrée, est de qualité très moyenne. Les graines sont blanches et ocre jaune. Chaque plant peut porter 1 à 3 fruits.*

20 à 35 cm de diamètre.

Jusqu'à 15 kg.

Récoltée à maturité,
se conserve de 4 à 8 mois.

De septembre à décembre.

Crue, râpée. Cuite : en gratin, pain, purée, potage, soufflé, frite, en tarte, confiture…

Culture

Vers le 15 avril, semez 2 ou 3 graines dans des godets remplis aux 3/4 d'un mélange de terre de jardin et de terreau ; recouvrez les graines de 1 cm du même mélange, maintenez à la lumière du jour et à une température avoisinant 20 °C. Arrosez suffisamment, mais sans excès pour éviter le pourrissement des graines. La levée demande de 5 à 10 jours. Ne conservez qu'un plant par godet, le plus vigoureux. Continuez les arrosages jusqu'à la plantation.
Mettez en place lorsque les gelées ne sont plus à craindre, vers la fin mai, à bonne exposition.
Le semis en pleine terre ou la plantation s'effectuent dans des poquets espacés de 2 m en tous sens et préparés 8 à 15 jours auparavant avec 2 bonnes « fourchées » de compost. Tassez et recouvrez avec la terre retirée, puis couvrez les graines de 1 à 2 cm de terreau ou tassez le plant pour favoriser la reprise. Pratiquez 1 ou 2 arrosages hebdomadaires.

Récolte et conservation

Les fruits doivent être récoltés à maturité. Coupez le pédoncule le plus près possible des tiges. Laissez sécher au moins une journée au soleil les fruits coupés, puis conservez-les dans un local ventilé (10 à 25 °C).

Chuska mt. Navajo

Cucurbita maxima (Duchesne)

CITROUILLE DE TOURAINE

Cucurbita pepo (Linné)

Cette ancienne variété française très coureuse (jusqu'à 6 m) présente des feuilles d'assez grande taille, arrondies en 3 ou 5 lobes peu marqués. Les fruits très gros, oblongs, aplatis côté ombilic et côté pédoncule, à côtes peu apparentes, sont gris-vert rayés de bandes marbrées vert foncé. La chair, de couleur jaune rosé, est peu épaisse, grossière et de médiocre qualité. Cette variété donne 2 à 5 fruits.

30 à 50 cm de diamètre, sur 50 à 70 cm de longueur.

Jusqu'à 50 kg.

Récoltée à maturité, se conserve de 2 à 6 mois.

De septembre à décembre.

Surtout destinée à l'alimentation du bétail.

Culture

Semez en godet (1 ou 2 graines) à partir du 15 avril ; ne gardez que le plus beau pied et maintenez des arrosages fréquents. Taillez après les 2 premières feuilles pour que la plante s'étoffe et fructifie davantage et plus tôt.

Après le 15 mai, mettez en place avec une pelletée de compost en espaçant les plants de 2 m en tous sens.

De fin avril à mi-mai, en pleine terre, semez en place 2 ou 3 graines dans des poquets espacés de 2 m en tous sens. Par la suite, ne gardez que le plus beau pied et arrosez régulièrement pendant toute la période de végétation qui dure de 3 à 5 mois.

En cas de maladies cryptogamiques, pratiquez une pulvérisation de bouillie bordelaise additionnée de soufre micronisé, de préférence le matin de bonne heure. Une plante trop envahissante peut être taillée, mais veillez lors de cette intervention à ne couper qu'après la feuille qui suit une fleur femelle.

Récolte et conservation

Les fruits doivent être récoltés à maturité. Coupez le pédoncule le plus près possible des tiges, laissez sécher au moins une journée au soleil les fruits coupés, puis conservez-les dans un local ventilé (de 10 à 25 °C).

Citrouille de Touraine

Cucurbita pepo (Linné)

COLLINS LONG GOURD

Lagenaria siceraria (Standley), var. *longissima* – *Lagenaria longissima* hort.

Originaire des régions tropicales, comme toutes les courges du genre **Lagenaria**, *cette variété est coureuse ; ses tiges côtelées, assez fines, sont dotées de nombreuses vrilles et rampent ou grimpent sur 4 à 8 m. Les feuilles, longuement pétiolées, dégagent une odeur assez forte. Les fruits cylindriques, allongés, sont un peu plus gros côté ombilic. Ils sont droits si la plante est palissée ou tordus si la plante court sur le sol. Le pédoncule fin et côtelé est assez long et solide. L'écorce est dure, parfois vert clair, mais aussi vert foncé, finement rayée de blanc longitudinalement. En séchant, elle prend des couleurs ocre variées formant des taches selon les moisissures. Chaque plant donne de 3 à 15 fruits.*

5 à 10 cm de diamètre, sur 70 cm à plus de 2,50 m de longueur.

1 à 10 kg.

Récoltée à maturité, sèche.

Verte ou séchée : en décoration, fabrication d'objets (étuis à pénis des Papous !...).

Culture

Vers le 15 avril, mettez 1 graine par godet rempli aux 3/4 d'un mélange de terre de jardin, de terreau et de sable ; maintenez à la lumière du jour et à une température dépassant 20 °C. Assurez un arrosage peu abondant mais suffisant jusqu'à la levée. Poursuivez les arrosages jusqu'à la plantation en pleine terre, en plein air fin mai, à bonne exposition, avec une pelletée de compost. Espacez les plants de 1 à 2 m, selon que vous les faites grimper ou courir au sol.

De fin avril à mi-mai, en pleine terre, semez en place 2 ou 3 graines dans des poquets espacés de 1 à 2 m en tous sens. Arrosez régulièrement pendant toute la période de végétation de 3 à 5 mois. Vous pouvez faire grimper les plantes sur une grille, un support au milieu d'un parterre de fleurs, le long d'une tonnelle...

Récolte et conservation

Les fruits se récoltent jeunes et tendres, jusqu'à 30 cm de longueur ou à maturité, au mois d'octobre. Conservez-les dans un local ventilé, pas nécessairement chauffé, mais en tout cas hors gel dans un premier temps.

Collins long gourd

Lagenaria siceraria (Standley), var. *longissima*
Lagenaria longissima hort.

COLOQUINTES

Cucurbita pepo (Linné)

*La véritable coloquinte (***Citrullus colocynthis***), très rare dans nos jardins, est une plante médicinale. C'est par erreur de langage, consacrée depuis longtemps, qu'on appelle par ce nom les variétés de courges à petits fruits, à peau dure, à chair peu épaisse, de formes bizarres et de couleurs variées. Elles font donc partie des* **Cucurbita pepo** *; leurs tiges, feuilles et fleurs sont identiques à celles des autres variétés, mais de plus petite taille. Les coloquintes sont toujours coureuses ou grimpantes, et on les emploie pour cette raison comme couvre-sol ou pour la décoration des tonnelles, pergolas, treillages, parterres... Leur prospérité, l'abondance et la variété des fruits les rendent très décoratives jusqu'à leur récolte en octobre. Il en existe de nombreux types : piriformes, oviformes, plats, allongés, lisses, galeux, miniatures, bicolores, rayés, etc.*

Très variables selon les variétés.

Variable selon la variété.

Récoltées à maturité, se conservent plusieurs mois et peuvent même sécher.

Essentiellement décoratives.

Culture

À la mi-avril, semez 2 ou 3 graines par godet, au chaud et à la lumière, en maintenant un arrosage suffisant mais pas trop abondant. Une semaine après la levée, ne gardez que le plus beau pied dans chaque godet.

Après le 15 mai, mettez en place avec une pelletée de compost en espaçant les plants de 1 à 2 m.

De fin avril à mi-mai, en pleine terre, semez en place 2 ou 3 graines dans des poquets espacés de 1 à 2 m en tous sens. Arrosez régulièrement pendant toute la période de végétation de 3 à 5 mois. Les fruits étant petits, vous pouvez faire grimper la plante sur une grille, une tonnelle, un petit arbre mort, un support qui soit adapté à l'endroit de culture et à l'environnement, ou même l'installer au milieu d'un parterre de fleurs.

Récolte et conservation

Les fruits se récoltent lorsqu'ils sont mûrs (quand l'ongle ne peut couper la peau), juste avant les gelées. Coupez le pédoncule le plus près possible des tiges.

Coloquintes

Cucurbita pepo (Linné)

CONNECTICUT FIELD

Cucurbita pepo (Linné)

Cette courge coureuse est très cultivée pour la consommation et surtout pour fêter Halloween aux États-Unis. Ses larges fruits jaune orangé, ronds, aplatis aux deux pôles, quelque peu côtelés, se forment sur des vignes très coureuses. Le pédoncule vert foncé est long et robuste. La chair grossière, épaisse de 3 cm, est jaune foncé et d'assez bonne qualité. Chaque plant peut porter 2 à 6 fruits. Autres noms : big Tom, southern field, halloween, jaune des champs.

40 cm de diamètre, sur 30 à 35 cm de hauteur.

8 à 13 kg.

Récoltée à maturité, se conserve de 4 à 8 mois.

De septembre à décembre.

En flan, potage, tarte, confiture, chutney… C'est aussi une courge à sculpter (Halloween).

Culture

Semez en godet (1 à 3 graines) à partir du 15 avril ; la levée demande 1 semaine à 10 jours. Ne gardez que 1 ou 2 pieds par godet. Assurez des arrosages fréquents jusqu'à la plantation en pleine terre, en plein air à partir du 15 mai, à bonne exposition.
Semez en place, de fin avril à mi-mai en pleine terre, sous minitunnel (plastique à bulles) 2 ou 3 graines par poquet. Ne gardez que le pied le plus vigoureux et assurez un arrosage fréquent et régulier pendant toute la période de développement qui dure de 3 à 4 mois.
Au semis ou à la plantation, en pleine terre, mettez une pelletée de compost dans chaque trou, les poquets étant espacés de 2 m au moins en tous sens. N'oubliez pas de former une cuvette autour de chaque plant pour faciliter l'arrosage (évitez de mouiller les feuilles) ; 1 à 2 arrosages par semaine suffisent.

Récolte et conservation

Les fruits se récoltent lorsqu'ils sont mûrs (vers la fin du mois de septembre). La récolte se fait par temps sec. Coupez le pédoncule le plus près possible des tiges, laissez les fruits coupés au moins une journée au soleil, puis rentrez-les, en évitant de les cogner, et conservez-les dans un local ventilé et chaud (jusqu'à 20 °C).

Connecticut field

Cucurbita pepo (Linné)

COURGE LONGUE DE NICE

Cucurbita moschata (Duchesne)

Originaire du Mexique et d'Amérique centrale, cette variété française coureuse produit des tiges qui traînent sur plusieurs mètres et des feuilles poilues, vert foncé, tachetées de blanc le long des nervures. Elle donne des fruits cylindriques, terminés par un renflement plus ou moins important côté ombilic qui contient les graines. La peau est lisse, tendre, de couleur vert clair à vert franc, virant d'abord au jaune paille puis à l'ocre à maturité. La chair ferme, orangé clair, légèrement sucrée, au goût musqué, est de très bonne qualité. Chaque plant peut porter 2 à 4 fruits. Cette variété est tardive et a besoin de chaleur pour amener ses fruits à complète maturité.

10 à 18 cm de diamètre, jusqu'à 1 m de longueur.

3 à 10 kg.

Récoltée à maturité, se conserve de 3 à 10 mois.

D'août à mars.

Crue, râpée. Cuite : en gratin, tourte, purée, potage, soufflé, frite, en ratatouille, tarte, confiture…

Culture

Semez en godet (1 à 3 graines) à partir du 15 avril, à la lumière, en maintenant une température d'au moins 20 °C et un arrosage suffisant. Ne gardez que le pied le plus vigoureux dans chaque godet. Lorsque la plante a 2 feuilles (sans compter les cotylédons), pincez (c'est-à-dire coupez) le bourgeon terminal pour provoquer la formation de 2 branches.

Maintenez les arrosages jusqu'à la plantation en pleine terre, en plein air début juin, à bonne exposition.

Semez en place de fin avril à fin mai en pleine terre. Au semis ou à la plantation, en pleine terre, au soleil, mettez 1 ou 2 pelletées de compost dans chaque trou, les poquets étant espacés de 2 m en tous sens. Arrosez environ 2 fois par semaine.

Récolte et conservation

Les fruits peuvent être récoltés jeunes (de 10 à 30 cm) et doivent alors être consommés rapidement.

Ils sont surtout récoltés à maturité, lorsque la peau vire à l'ocre (autour du 15 octobre).

Laissez sécher une journée au soleil les fruits coupés, puis conservez-les dans un local chaud (de 10 à 25 °C).

Courge longue de Nice

Cucurbita moschata (Duchesne)

COURGE À LA MOELLE

Cucurbita pepo (Linné)

Originaire du Mexique et du sud-est des États-Unis, cette variété coureuse produit des tiges rampantes assez fines et des feuilles moyennes, rudes au toucher, profondément découpées en 5 lobes dentés, d'un vert foncé parfois tacheté de gris. Elle donne des fruits cylindriques. La peau est lisse, de couleur crème à blanc jaunâtre, rayée longitudinalement, mais surtout côté pédoncule, de côtes saillantes. La chair blanchâtre est tendre, moelleuse et savoureuse lorsque les fruits sont cueillis jeunes (à mi-développement), mais devient sèche et peu agréable à maturité. Chaque plant donne en général 4 à 8 fruits. Autres noms : vegetable marow, souki blanc des Indes.

10 à 13 cm de diamètre, sur 20 à 40 cm de longueur.

2 à 4 kg (à maturité).

Récoltée à maturité, se conserve de 4 à 6 mois (mais sans intérêt).

De juillet à octobre.

Se consomme jeune en gratin, sautée, farcie, en ratatouille, frite, dans un couscous, à la provençale…

Culture

Vers le 15 avril, semez 2 ou 3 graines dans des godets remplis aux 3/4 d'un mélange de terre de jardin et de terreau ; recouvrez les graines de 1 cm du même mélange, maintenez à la lumière du jour et à une température avoisinant 20 °C. Arrosez suffisamment, mais sans excès pour éviter le pourrissement des graines. La levée demande 5 à 10 jours. Ne conservez qu'un plant par godet, le plus vigoureux.

Mettez en place lorsque les gelées ne sont plus à craindre, vers la fin mai, à bonne exposition.

Le semis en pleine terre ou la plantation s'effectuent dans des poquets espacés de 1,50 m en tous sens et préparés quelque 8 à 15 jours auparavant avec 2 bonnes « fourchées » de compost. Tassez et recouvrez avec la terre retirée, puis couvrez les graines de 1 à 2 cm de terreau ou tassez le plant pour favoriser la reprise. Arrosez 2 à 3 fois par semaine (2 à 4 litres par pied).

Récolte et conservation

Les fruits doivent être récoltés jeunes (entre 15 et 25 cm de longueur) et consommés rapidement.

Courge à la moelle

Cucurbita pepo (Linné)

COURGE OLIVE

Cucurbita maxima (Duchesne)

Cette courge coureuse était déjà cultivée en France au siècle dernier. Elle présente des tiges rampantes qui s'allongent sur plus de 3 m et des feuilles arrondies d'assez grande taille, d'un vert franc. Les fruits, d'abord verts puis vert olive à maturité, sont ovales (de la forme d'un ballon de rugby ou d'une olive). La peau lisse et mince est facile à enlever. La chair épaisse, de couleur jaune, filandreuse et farineuse, est ferme et de très bonne qualité, surtout après quelque temps de stockage. Chaque plant peut porter 3 à 4 fruits. C'est une variété un peu tardive.

20 à 25 cm de diamètre.

3 à 5 kg.

Récoltée à maturité,
se conserve de 3 à 7 mois.

D'octobre à janvier.

En gratin, purée, potage, soufflé, beignets, confiture…

Culture

Semez en godet (1 ou 2 graines) à partir du 15 avril. La levée demande 1 à 2 semaines. Ne gardez qu'un pied par godet. Assurez des arrosages fréquents jusqu'à la plantation en pleine terre. Semez en place de fin avril à fin mai en pleine terre ou sous minitunnel (fabriqué avec un plastique à bulles) pour accélérer la germination.

Au semis ou à la plantation, en pleine terre, au soleil, mettez 1 ou 2 pelletées de compost dans chaque trou, les poquets étant espacés de 2 m en tous sens. N'oubliez pas de former une cuvette autour de chaque plant pour faciliter l'arrosage (évitez de mouiller les feuilles) ; un arrosage hebdomadaire (2 à 3 litres d'eau) est nécessaire. Une plante trop envahissante peut être taillée, mais veillez à ne couper qu'après la feuille qui suit une fleur femelle.

Récolte et conservation

Les fruits doivent être récoltés à maturité (autour du 15 octobre). Laissez sécher les fruits coupés au moins une journée au soleil, puis rentrez-les et conservez-les dans un local ventilé (10 à 25 °C). Évitez de cogner les fruits, car leur peau fine les rend fragiles et ils pourriraient plus rapidement.

Courge olive

Cucurbita maxima (Duchesne)

COURGE PLEINE DE NAPLES

Cucurbita moschata (Duchesne)

Cette variété coureuse, sans doute italienne, présente des tiges qui s'allongent sur plus de 4 m et des feuilles de taille moyenne, poilues, vert foncé, tachetées de gris-blanc le long des nervures. Elle donne des fruits cylindriques, terminés par un renflement côté ombilic qui contient les graines ; la partie cylindrique est pleine et sa forme rappelle celle d'un étui à violon. La peau est lisse, tendre, vert foncé avec des taches floconneuses vert clair, puis bronze à ocre à maturité ou après quelque temps de stockage. La chair est abondante, assez ferme, jaune orangé, sucrée, musquée, de très bonne qualité. Chaque plant peut porter 1 à 4 fruits. Cette variété est tardive et a besoin de chaleur. Autres noms : courge violon, courge valise, courge portemanteau.

18 à 30 cm de diamètre, jusqu'à 80 cm de longueur.

10 à 25 kg.

Récoltée à maturité, se conserve de 3 à 8 mois.

De septembre à janvier.

En gratin, tourte, purée, potage, soufflé, ratatouille, tarte, confiture…

Culture

Semez en godet (1 à 3 graines) à partir du 15 avril, en maintenant une température d'au moins 20 °C ; la levée demande de 1 semaine à 10 jours. Ne gardez que le pied le plus vigoureux dans chaque godet. Maintenez des arrosages fréquents jusqu'à la plantation en pleine terre, en plein air début juin, à bonne exposition.
Semez en place de fin avril à fin mai en pleine terre.
Au semis ou à la plantation, en pleine terre, au soleil, mettez 2 ou 3 pelletées de compost dans chaque trou, les poquets étant espacés de 2 m en tous sens. Pendant toute la durée de végétation, arrosez 1 à 2 fois par semaine.

Récolte et conservation

Les fruits sont surtout récoltés à maturité, lorsque la peau vire à l'ocre (autour du 15 octobre). Coupez le pédoncule le plus près possible des tiges. Laissez sécher une journée au soleil les fruits coupés, puis conservez-les dans un local chaud (de 10 à 25 °C).
Les extrémités des vignes peuvent être consommées comme des légumes verts.

Courge pleine de Naples

Cucurbita moschata (Duchesne)

COURGE RUGUEUSE DU PORTUGAL

Cucurbita pepo (Linné)

Originaire du Mexique, cette variété portugaise est très coureuse : les tiges s'allongent sur plus de 4 m et les larges feuilles vert foncé, arrondies, sont perchées au bout d'un long pétiole. Les gros fruits sphériques, vert pastel, rayés d'une dizaine de bandes moutonneuses vert foncé, portent de grosses côtes très peu marquées. La peau est largement granuleuse à maturité. La chair est jaune foncé, plutôt grossière et ferme, de goût assez agréable. Les graines sont relativement grosses. Chaque plant donne environ 2 à 4 fruits.

30 à 50 cm de diamètre.

10 à 20 kg.

Récoltée à maturité,
se conserve de 4 à 6 mois.

D'octobre à janvier.

En gratin, purée, potage, soufflé, confiture…

Culture

Semez en godet (2 graines) à partir du 15 avril, à la lumière, en maintenant une température d'au moins 20 °C et un arrosage pas trop abondant pour éviter le pourrissement des graines. La levée demande 1 semaine à 10 jours. Assurez des arrosages fréquents jusqu'à la plantation en pleine terre, en plein air à partir du 15 mai, à bonne exposition. Vous pouvez aussi semer en place de fin avril à fin mai en pleine terre ou sous minitunnel (plastique à bulles) pour accélérer la germination.

Au semis ou à la plantation, en pleine terre, mettez 2 poignées de compost dans chaque trou, les poquets étant espacés de 2 m au moins en tous sens. N'oubliez pas de former une cuvette autour de chaque plant pour faciliter l'arrosage, et évitez de mouiller les feuilles. Pendant la période de végétation de 3 à 5 mois, arrosez si besoin (2 à 4 litres d'eau par jour environ).

Récolte et conservation

Pour la conservation, les fruits doivent être récoltés à maturité, c'est-à-dire juste avant les premières gelées. Coupez le pédoncule le plus près possible des tiges. Laissez sécher une journée au soleil les fruits coupés, puis rentrez-les et conservez-les dans un local chaud (de 10 à 25 °C).

Courge rugueuse du Portugal

Cucurbita pepo (Linné)

COURGE DE SIAM

Cucurbita ficifolia (Bouché) ou *Cucurbita melanosperma*

Originaire du Mexique, cette courge vivace dans les pays tropicaux, est généralement annuelle chez nous. C'est une variété très vigoureuse et coureuse dont les tiges atteignent parfois 10 à 15 m ; leurs vrilles leur permettent de grimper. Les feuilles sont petites, découpées en 5 lobes arrondis, vert foncé tacheté de vert jaunâtre. Les fruits sont ovoïdes. L'écorce, très dure, lisse et vernissée, d'un beau vert, est parcourue de lignes blanches et constellée de taches blanches qui rappellent une pastèque à confiture. Les graines sont noires. La chair est blanche, filandreuse, douce ; cuite, elle donne des filaments blancs, semblables à du vermicelle. Chaque plant peut donner 5 à 10 fruits. La fructification se fait en jours courts. Autres noms : melon de Malabar, courge à feuille de figuier, chilacayote.

15 à 20 cm de diamètre, sur 20 à 25 cm de longueur.

2 à 6 kg.

Récoltée à maturité, se conserve plus de 2 ans.

De décembre à décembre de l'année suivante.

Comme une courgette (jeune), ou en gratin, beignets, choucroute, confiture (de « cheveux d'ange »)...

Culture

Semez en godet (1 à 3 graines) à partir du 15 avril, à la lumière. Ne gardez que le pied le plus vigoureux dans chaque godet. Maintenez des arrosages fréquents jusqu'à la plantation en pleine terre, en plein air début juin, à bonne exposition.

À la plantation, en pleine terre, au soleil, mettez 1 ou 2 pelletées de compost dans chaque trou, les poquets étant espacés de 2,50 m en tous sens. N'oubliez pas de former une cuvette autour de chaque plant pour faciliter l'arrosage. Installée au pied d'un arbre mort, la plante se chargera de l'habiller. Un paillage réduira les arrosages à 1 fois par semaine et empêchera la prolifération des herbes.

Récolte et conservation

Les fruits sont surtout récoltés à maturité, c'est-à-dire juste avant les grandes gelées (environ du 15 au 30 octobre). Coupez le pédoncule le plus près possible des tiges. Rentrez et conservez les fruits dans un local ventilé, même chaud (de 10 à 25 °C).

Courge de Siam

Cucurbita ficifolia (Bouché)
ou *Cucurbita melanosperma*

COURGE DE SIAM ALBUS

Cucurbita ficifolia (Bouché) ou *Cucurbita melanosperma*

Originaire du Mexique, vivace dans les pays tropicaux, elle est généralement annuelle chez nous. C'est une variété très vigoureuse et coureuse dont les tiges atteignent parfois 15 à 25 m ; leurs vrilles leur permettent de grimper et elles se marcottent assez souvent aux nœuds. Les feuilles sont petites, découpées en 5 lobes arrondis, vert foncé tacheté de vert jaunâtre. Les fruits ovoïdes, à écorce très dure, lisse, sont blancs, constellés de taches blanc sale. Les graines sont noires. La chair est blanche, filandreuse, douce ; cuite, elle donne des filaments blancs, semblables à du vermicelle. Chaque plant peut donner 5 à 15 fruits. La fructification se fait en jours courts, souvent à partir de fin septembre. Cette variété fructifie correctement dans les régions où les gelées n'interviennent que fin octobre.

15 à 25 cm de diamètre, sur 20 à 30 cm de longueur.

3 à 8 kg.

Récoltée à maturité, se conserve plus de 2 ans.

De décembre à décembre de l'année suivante.

Comme une courgette (jeune), ou en gratin, beignets, choucroute, confiture (de « cheveux d'ange »)…

Culture

Semez en godet (1 à 3 graines) à partir du 15 avril, à la lumière, à une température d'au moins 20 °C. Ne gardez que le pied le plus vigoureux dans chaque godet. Maintenez des arrosages fréquents jusqu'à la plantation en pleine terre, en plein air début juin, à bonne exposition.

À la plantation, en pleine terre, au soleil, mettez 2 ou 3 pelletées de compost dans chaque trou, les poquets étant espacés d'au moins 2,50 m en tous sens. N'oubliez pas de former une cuvette autour de chaque plant pour faciliter l'arrosage. Installée au pied d'un arbre, la plante se chargera de l'habiller. Un paillage réduira les arrosages à 1 fois par semaine (2 à 4 litres d'eau) et empêchera la prolifération des herbes.

Récolte et conservation

Les fruits sont surtout récoltés à maturité, c'est-à-dire juste avant les grandes gelées (après le 30 octobre). Coupez le pédoncule le plus près possible des tiges. Rentrez et conservez les fruits dans la maison (de 10 à 25 °C).

Courge de Siam albus

Cucurbita ficifolia (Bouché)
ou *Cucurbita melanosperma*

COURGE À TROMPE D'ALBENGA

Cucurbita moschata (Duchesne)

Originaire du Mexique et d'Amérique centrale, cette courge coureuse italienne à nombreuses tiges rampantes et velues présente des feuilles, poilues elles aussi, de couleur vert foncé, tachetées de blanc le long des nervures. Elle donne des fruits cylindriques, terminés par un renflement plus ou moins important côté ombilic qui contient les graines. Les fruits sont d'abord vert clair, puis virent au jaune paille et enfin à l'ocre à maturité. La chair ferme, de couleur orangé clair, a un goût de noisette fraîche. Chaque plant peut porter 6 ou 7 fruits.

4 à 8 cm de diamètre, jusqu'à 1,50 m de longueur.

1 à 4 kg.

Récoltée à maturité, se conserve de 4 à plus de 12 mois.

D'août à mars.

Crue, râpée. Cuite : en gratin, tourte, purée, potage, soufflé, frite, en ratatouille, tarte, confiture…

Culture

Semez en godet (1 à 3 graines) fin avril, à la lumière, en maintenant une température d'au moins 20 °C et un arrosage suffisant. La levée demande de 1 semaine à 10 jours. Ne gardez que le pied le plus vigoureux dans chaque godet. Lorsque la plante a 2 feuilles (sans compter les cotylédons), pincez (c'est-à-dire coupez) le bourgeon terminal pour provoquer la formation de 2 branches. Maintenez des arrosages fréquents jusqu'à la plantation en pleine terre, en plein air début juin, à bonne exposition. Semez en place de fin avril à fin mai en pleine terre ou sous minitunnel (plastique à bulles) de manière à accélérer la germination.

Au semis ou à la plantation, en pleine terre, au soleil, mettez 1 ou 2 pelletées de compost dans chaque trou, les poquets étant espacés de 2 m en tous sens. N'oubliez pas de former une cuvette autour de chaque plant pour faciliter l'arrosage. Pendant la période de végétation de 3 à 5 mois, arrosez si nécessaire (1 à 2 litres d'eau par jour) ou paillez.

Récolte et conservation

Les fruits peuvent être récoltés jeunes et doivent alors être consommés rapidement. Ils peuvent aussi être récoltés à maturité, lorsque leur couleur vire à l'ocre (autour du 15 octobre). Conservez-les dans un local bien ventilé, même chaud (de 10 à 25 °C).

Courge à trompe d'Albenga

Cucurbita moschata (Duchesne)

COUTORS D'ÉTÉ

Cucurbita pepo (Linné)

Originaire du sud-est des États-Unis et du Mexique, cette variété non coureuse forme une touffe de feuilles vert foncé, découpées en lobes pointus, dentées sur les bords. Ses fruits allongés, plus ou moins verruqueux selon la provenance des graines, recourbés côté pédoncule et renflés côté ombilic, sont de couleur orange vif. La chair est jaune, très fine et ferme. Chaque plant donne environ 6 à 8 fruits ; récoltés à maturité, ils peuvent sécher.

5 à 10 cm de diamètre,
sur 15 à 30 cm de longueur.

400 à 800 g.

Récoltée à maturité,
se conserve de 3 à 8 mois.

De juillet à septembre.

Crue, râpée et servie avec une vinaigrette. Utilisée aussi en décoration avec des coloquintes.

Culture

Semez en godet (2 graines) à partir du 15 avril. La levée demande 1 semaine à 10 jours. Assurez des arrosages fréquents jusqu'à la plantation en pleine terre, en plein air à partir du 15 mai, à bonne exposition ; vous pouvez aussi planter plus tôt sous tunnel plastique. Semez en place de fin avril à fin mai en pleine terre ou sous minitunnel (plastique à bulles) pour accélérer la germination. Au semis ou à la plantation, en pleine terre, mettez 2 poignées de compost dans chaque trou, les poquets étant espacés de 1 m au moins en tous sens. N'oubliez pas de former une cuvette autour de chaque plant pour faciliter l'arrosage, et évitez de mouiller les feuilles.
Pendant la période de végétation de 3 à 5 mois, arrosez si nécessaire (1 à 2 litres d'eau par jour environ).

Récolte et conservation

Les fruits peuvent être récoltés jeunes (10 à 12 cm de longueur), lorsqu'ils sont encore tendres, et doivent alors être consommés immédiatement. Pour la conservation, les fruits doivent être récoltés à maturité, lorsque l'ongle a du mal à couper la peau. Laissez sécher une journée au soleil les fruits coupés, puis rentrez-les et conservez-les dans un local chaud (de 10 à 25 °C).

Coutors d'été

Cucurbita pepo (Linné)

CREAM OF THE CROP (F1)

Cucurbita pepo (Linné)

Créée à la fin des années 80, cette courge hybride américaine du type « acorn » (en forme de gland) est semi-buissonnante ; les tiges nombreuses et assez fines s'allongent sur moins de 2 m. Les feuilles sont moyennes et découpées. Les fruits tronconiques, côtelés, sont d'abord ivoire puis plus jaunes en vieillissant. Le pédoncule vert est fin et assez long. La chair, de couleur crème, est ferme, peu ou pas sucrée, avec un goût de noisette. Chaque plant donne en général 4 à 6 fruits.

10 à 15 cm de diamètre, sur 10 à 15 cm de longueur.

600 g à 1 kg.

Récoltée à maturité, se conserve de 4 à 8 mois.

De juillet à janvier.

Crue, râpée. Cuite : farcie, sautée, en gratin, purée, potage, soufflé, beignets, confiture…

Culture

Vers le 15 avril, semez 2 ou 3 graines dans des godets remplis aux 3/4 d'un mélange de terre de jardin et de terreau. Arrosez régulièrement. La levée demande 5 à 10 jours. Ne conservez qu'un plant par godet. Mettez en place lorsque les gelées ne sont plus à craindre, vers la fin mai.

Le semis en pleine terre ou la plantation s'effectuent dans des poquets espacés de 1,50 m en tous sens et préparés quelque 8 à 15 jours auparavant avec 2 bonnes « fourchées » de compost. Tassez et recouvrez avec la terre retirée, puis couvrez les graines de 1 à 2 cm de terreau ou tassez le plant pour favoriser la reprise. Pour éviter le pourrissement, vous pouvez isoler les fruits du sol par une planchette ou une tuile plate.

Une couverture du sol à base de paillettes de lin, de paille, de compost frais ou de tontes de gazon, sur 5 à 7 cm d'épaisseur, évitera la prolifération des herbes et maintiendra la fraîcheur. Cette opération se fait lorsque les jeunes plants sont suffisamment développés.

Récolte et conservation

Les fruits, récoltés jeunes, doivent être consommés rapidement. Vous pouvez aussi les récolter à maturité (fin septembre). Coupez le pédoncule près de la tige. Laissez sécher les fruits une journée au soleil, puis rentrez-les et conservez-les dans un local entre 10 et 25 °C.

Cream of the crop (F1)

Cucurbita pepo (Linné)

CROWN OF THORNS

Cucurbita pepo (Linné)

Cette petite courge coureuse produit des tiges rampantes assez fines, pourvues de vrilles et longues de 3 m environ. Les feuilles, de taille moyenne, sont profondément découpées en lobes dentés et ondulés. Les fruits revêtent des couleurs variées : unis, blancs à ivoire, bicolores, vert et jaune, vert et blanc, jaune et vert, ou encore rayés, vert clair et vert foncé, vert et blanc, vert et jaune. Ils portent 10 excroissances plus ou moins marquées ou écartées, ressemblant à des doigts. Le pédoncule vert est assez fin. Chaque plant peut produire de 6 à 12 fruits. Autres noms : couronne d'épines, dix commandements, griffes du diable, finger gourd, holy gourd. Le nom de star gourd lui est probablement donné lorsqu'il s'agit d'une hybridation avec un pâtisson : les pointes sont alors très écartées et la courge ressemble en effet davantage à une étoile.

8 à 15 cm de diamètre.

Moins de 1 kg.

Récoltée à maturité, se conserve de 4 à 12 mois (peut même sécher).

En décoration.

Culture

À la mi-avril, semez 2 ou 3 graines par godet, au chaud et à la lumière, en maintenant un arrosage suffisant mais pas trop abondant.
Après le 15 mai, mettez en place avec une pelletée de compost en espaçant les plants de 1,50 m.
De fin avril à mi-mai, en pleine terre, semez en place 2 ou 3 graines dans des poquets espacés de 1,50 m en tous sens. Par la suite, ne gardez que le plus beau pied et arrosez régulièrement pendant toute la période de végétation de 3 à 5 mois. Vous pouvez faire grimper la plante sur une grille, un petit arbre mort, une tonnelle, un treillage, ou même l'installer au milieu d'un parterre de fleurs et la faire grimper sur un support pyramidal, ce qui sera du plus bel effet décoratif.
Cette courge ne demande aucune taille particulière.

Récolte et conservation

Les fruits se récoltent lorsqu'ils sont à maturité, en prenant soin de conserver leur pédoncule. Placez-les dans un local chaud et ventilé.

Crown of thorns

Cucurbita pepo (Linné)

DELICA (F1)

Cucurbita maxima (Duchesne)

Il s'agit d'un hybride largement cultivé au Japon. Cette courge coureuse produit des tiges qui s'allongent jusqu'à 3 m et des feuilles vert moyen arrondies. Les fruits sont sphériques, aplatis aux deux extrémités, de couleur vert foncé avec des rayures marbrées vert clair. La chair épaisse, mi-sèche, de couleur jaune foncé, au goût sucré, est d'excellente qualité. Chaque plant peut porter 3 à 6 fruits.

12 à 15 cm de diamètre, sur 10 cm de hauteur.

800 g à 1,5 kg.

Récoltée à maturité, se conserve de 4 à 9 mois.

D'octobre à février.

Crue, râpée. Cuite : en gratin, pain, purée, potage, soufflé, tarte, confiture…

Culture

Vers le 15 avril, semez 2 ou 3 graines dans des godets remplis aux 3/4 d'un mélange de terre de jardin et de terreau ; recouvrez les graines de 1 cm du même mélange, maintenez à la lumière du jour et à une température avoisinant 20 °C. Arrosez suffisamment, mais sans excès. La levée demande de 5 à 10 jours. Ne conservez qu'un plant par godet, le plus vigoureux. Lorsque le plant a 2 feuilles (sans compter les cotylédons), coupez le bourgeon terminal ; 2 branches se formeront alors à l'aisselle des feuilles. Continuez les arrosages jusqu'à la plantation.

Mettez en place lorsque les gelées ne sont plus à craindre, vers la fin mai, à bonne exposition.

Le semis en pleine terre ou la plantation s'effectuent dans des poquets espacés de 2 m en tous sens et préparés 8 à 15 jours auparavant avec 2 bonnes « fourchées » de compost. Tassez et recouvrez avec la terre retirée, puis couvrez les graines de 1 à 2 cm de terreau ou tassez le plant pour favoriser la reprise.

Récolte et conservation

Les fruits doivent être récoltés à maturité. Coupez le pédoncule le plus près possible des tiges. Laissez sécher au moins une journée au soleil les fruits coupés, puis rentrez-les et conservez-les dans un local convenablement ventilé. Pour le stockage, évitez de superposer les fruits.

Delica (F1)

Cucurbita maxima (Duchesne)

DELICATA

Cucurbita pepo (Linné)

Cette variété américaine, plutôt buissonnante, produit de nombreuses et courtes tiges rampantes. Les feuilles sont petites à moyennes, découpées et parfois marbrées. Les fruits oblongs, cannelés, de couleur ivoire, portent des rayures vertes dans le sens de la longueur, qui deviennent orange en vieillissant. La chair est un peu farineuse ; crue, elle a un léger goût de pomme de reinette, cuite elle rappelle celui de la châtaigne, un peu comme sa « sœur » la sweet dumpling ; c'est une très bonne variété. Chaque plant donne en général 6 à 10 fruits. Autres noms : delicatessen, sweet potato, peanut.

6 à 8 cm de diamètre, sur 20 cm de longueur.

300 g à 1 kg.

Récoltée à maturité, se conserve de 4 à 8 mois.

D'octobre à mars.

Crue, râpée. Cuite : en gratin, pain, purée, potage, soufflé, frite, en tarte, sorbet, bavarois, confiture…

Culture

Vers le 15 avril, semez 2 ou 3 graines dans des godets remplis aux 3/4 d'un mélange de terre de jardin et de terreau ; recouvrez les graines de 1 cm du même mélange. La levée demande de 5 à 10 jours. Ne conservez qu'un plant par godet.

Mettez en place lorsque les gelées ne sont plus à craindre, vers la fin mai, à bonne exposition.

Le semis en pleine terre ou la plantation s'effectuent dans des poquets espacés de 2 m en tous sens et préparés 8 à 15 jours auparavant avec 2 bonnes « fourchées » de compost. Tassez et recouvrez avec la terre retirée, puis couvrez les graines de 1 à 2 cm de terreau ou tassez le plant pour favoriser la reprise.

Cette courge peut être palissée contre un mur ou bien être placée de manière à grimper sur un grillage ; dans ce cas, les plants pourront n'être espacés que de 1 m sur la ligne. Arrosez régulièrement 2 à 4 fois par semaine.

Récolte et conservation

Récoltez les fruits à maturité, lorsqu'ils prennent leur couleur ivoire ; l'ongle a alors du mal à rentrer dans l'épiderme. Coupez le pédoncule près de la tige. Laissez sécher les fruits une journée au soleil, puis rentrez-les et conservez-les dans un local ventilé entre 10 et 25 °C.

Delicata

Cucurbita pepo (Linné)

EBONY ACORN

Cucurbita pepo (Linné)

Cette courge américaine du type « acorn » (en forme de gland) est buissonnante ; les tiges rampantes, nombreuses et vigoureuses, s'allongent sur environ 2 m ; les feuilles sont moyennes et découpées. Les fruits, plus ou moins allongés, sont côtelés, d'abord vert foncé puis orangés. Le pédoncule vert foncé est fin et long. La peau très dure rend l'épluchage difficile. La chair jaune est ferme, fine et parfumée, avec un goût de noisette et d'amande à la fois qui s'améliore encore après 3 à 4 mois de stockage. Chaque plant donne en général 5 à 7 fruits.

15 cm de diamètre, sur 15 à 20 cm de longueur.

600 g à 1,5 kg.

Récoltée à maturité, se conserve de 4 à 7 mois.

De septembre à février.

En purée, potage, flan, soufflé, frite, en tarte, sorbet, confiture...

Culture

Vers le 15 avril, semez 2 ou 3 graines dans des godets remplis aux 3/4 d'un mélange de terre de jardin et de terreau. La levée demande 5 à 10 jours. Ne conservez qu'un plant par godet. Il n'est pas nécessaire de pincer à 2 feuilles. Mettez en place lorsque les gelées ne sont plus à craindre, vers la fin mai, à bonne exposition.

Le semis en pleine terre ou la plantation s'effectuent dans des poquets espacés de 2 m en tous sens et préparés quelque 8 à 15 jours auparavant avec 2 bonnes « fourchées » de compost. Tassez et recouvrez avec la terre retirée, puis couvrez les graines de 1 à 2 cm de terreau ou tassez le plant pour favoriser la reprise.

Pour éviter le pourrissement, vous pouvez isoler les fruits du sol par une planchette ou une tuile plate.

Une couverture du sol à base de paillettes de lin, de paille, sur 5 à 7 cm d'épaisseur, évitera la prolifération des herbes et maintiendra la fraîcheur.

Récolte et conservation

Récoltez les fruits à maturité (autour du 15 octobre). Coupez le pédoncule près de la tige. Les fruits peuvent être rentrés immédiatement, sans qu'il soit nécessaire de les laisser sécher une journée au soleil.

Ebony acorn

Cucurbita pepo (Linné)

ETHIOPIAL

Cucurbita maxima (Duchesne)

Originaire d'Amérique du Sud, cette courge coureuse produit des tiges rampantes qui s'allongent sur plus de 3 m et des feuilles arrondies d'assez grande taille. Elle donne des fruits gris-vert moutonné de taches grisâtres, de forme ovale (un peu de type hubbard), avec de fines rayures blanchâtres rayonnant du milieu à l'ombilic ; ce dernier est protubérant et entouré d'une couronne liégeuse. La peau, légèrement bosselée, est fine et tendre. Le pédoncule cylindrique est assez long. La chair épaisse, de couleur jaune orangé, est fine, ferme et sucrée. Chaque plant peut porter 2 à 4 fruits. C'est une variété assez rare.

20 à 35 cm de diamètre, sur 30 à 40 cm de longueur.

4 à 12 kg.

Récoltée à maturité, se conserve de 3 à 9 mois.

D'octobre à février.

En gratin, pain, purée, potage, flan, confiture…

Culture

Semez en godet (1 ou 2 graines) à partir du 15 avril. La levée demande 1 à 2 semaines. Ne gardez qu'un pied par godet. Assurez des arrosages fréquents jusqu'à la plantation en pleine terre.
Mettez en place lorsque les gelées ne sont plus à craindre, généralement vers la fin mai, à une exposition ensoleillée.
La plantation s'effectue dans des poquets (préparés à l'avance avec un demi-seau de compost) espacés de 2 m en tous sens.
De fin avril à mi-mai, en pleine terre, semez en place 2 ou 3 graines dans des poquets espacés de 2 m en tous sens. Par la suite, ne gardez que le plus beau pied et arrosez régulièrement pendant toute la période de végétation de 3 à 5 mois.
Une plante trop envahissante peut être taillée, mais veillez au cours de cette opération à ne couper qu'après la feuille qui suit une fleur femelle.

Récolte et conservation

Les fruits doivent être récoltés à maturité (autour du 15 octobre). Coupez le pédoncule le plus près possible des tiges. Rentrez-les et conservez-les dans un local ventilé (de 10 à 25 °C). Évitez de cogner les fruits.

Ethiopial

Cucurbita maxima (Duchesne)

FLAT WHITE BOER

Cucurbita maxima (Duchesne)

Cette courge sud-africaine est coureuse ; ses tiges rampantes s'étirent sur 3 à 4 m et portent de grandes feuilles vert moyen, arrondies en 5 lobes peu marqués. Elle donne des fruits ronds, très aplatis, voire déprimés, à côtes très peu marquées ou inexistantes. La peau lisse (mais quelquefois un peu brodée) est de couleur blanche, parfois gris clair. La chair épaisse, rouge vermillon, est tendre, sucrée, de bonne qualité. Chaque plant peut porter 2 à 4 fruits. Autres noms : flat white pumpkin, plat wit boer.

20 à 50 cm de diamètre.

4 à 15 kg.

Récoltée à maturité,
se conserve de 4 à 8 mois.

D'octobre à février.

En gratin, potage, soufflé, flan, confiture…

Culture

Semez en godet (1 ou 2 graines) à partir du 15 avril, à la lumière, en maintenant une température d'au moins 20 °C et un arrosage pas trop abondant pour éviter le pourrissement des graines. La levée demande 1 à 2 semaines. Ne gardez qu'un pied par godet. Assurez des arrosages fréquents jusqu'à la plantation en pleine terre.

Mettez en place lorsque les gelées ne sont plus à craindre, généralement vers la fin mai, à une exposition ensoleillée. La plantation s'effectue dans des poquets espacés de 2 m en tous sens, préparés à l'avance avec un seau de compost ou de fumier bien décomposé. De fin avril à mi-mai, en pleine terre, semez en place 2 ou 3 graines dans des poquets espacés de 2 m en tous sens. Par la suite, ne gardez que le plus beau pied et arrosez régulièrement pendant toute la période de végétation de 3 à 5 mois.

Récolte et conservation

Les fruits doivent être récoltés à maturité (autour du 15 octobre). Coupez le pédoncule le plus près possible des tiges. Laissez sécher 1 à 3 jours au soleil les fruits coupés, puis rentrez-les et conservez-les dans un local chaud et ventilé (10 à 25 °C).

Flat white boer

Cucurbita maxima (Duchesne)

FUTSU BLACK RINDED

Cucurbita moschata (Duchesne)

Cette courge japonaise coureuse présente d'assez petites feuilles, vert foncé, tachetées de blanc, et de nombreuses tiges qui s'allongent sur environ 3 m. Elle donne des fruits ronds, aplatis aux extrémités, concaves côté pédoncule, avec de nombreuses côtes profondes. La peau assez dure est entièrement couverte de verrues, de couleur vert très foncé prenant une couleur brique ou rouille en vieillissant. La chair jaune orangé, épaisse de 1,5 à 2 cm, à grain fin et ferme, est sucrée, avec un goût délicieux de noisette. Chaque plant peut porter 4 à 10 fruits.

10 à 15 cm de diamètre, sur 8 à 10 cm de hauteur.

500 g à 1,5 kg.

Récoltée à maturité, se conserve de 3 à 8 mois.

D'octobre à février.

Crue, râpée. Cuite : en gratin, purée, potage, soufflé, ratatouille, tourte, confiture…

Culture

Semez en godet (1 à 3 graines) à partir du 15 avril. La levée demande de 1 semaine à 10 jours. Ne gardez que le pied le plus vigoureux dans chaque godet. Maintenez des arrosages fréquents jusqu'à la plantation en pleine terre, en plein air début juin, à bonne exposition.

Vous pouvez aussi semer en place de fin avril à fin mai en pleine terre.
Au semis ou à la plantation, en pleine terre, au soleil, mettez 1 ou 2 pelletées de compost dans chaque trou, les poquets étant espacés de 2 m en tous sens. N'oubliez pas de former une cuvette autour de chaque plant pour faciliter l'arrosage (1 à 3 litres d'eau par jour). Évitez de mouiller les feuilles lors de l'arrosage.

Récolte et conservation

Pour la conservation, on récolte les fruits à maturité, c'est-à-dire juste avant les gelées. Coupez alors le pédoncule le plus près possible des tiges. Laissez sécher une journée au soleil les fruits coupés, puis rentrez-les et conservez-les dans un local ventilé et chaud (de 10 à 20 °C).
Les extrémités des tiges rampantes peuvent se consommer cuites comme un légume vert.

Futsu black rinded

Cucurbita moschata (Duchesne)

GÉANT ATLANTIQUE

Cucurbita maxima (Duchesne)

Cette courge américaine détient le record du monde du plus gros potiron (481 kg en 1996). C'est une courge coureuse, très vigoureuse ; ses tiges rampantes très grosses et longues (plus de 6 m) sont rugueuses ; les feuilles sont arrondies et de très grande taille. Elle donne des fruits de couleur rouge orangé à rose, parfois presque blancs, de forme presque sphériques (ceux-ci s'affaissent longitudinalement sous leur propre poids : ils sont plats côté sol), avec de larges côtes longitudinales, arrondies. La chair très épaisse, de couleur orange clair, est de qualité très acceptable. Chaque plant peut porter 2 à 3 fruits, mais on n'en garde qu'un seul afin qu'il arrive à complet développement. Tous les ans, il existe une compétition internationale du plus gros potiron qui est organisée et régie par la Confédération mondiale du potiron (World Pumpkin Confederation 14050 RT.62 Collins, New York U.S.A. 14034).

30 cm à plus de 1 m de diamètre.

30 à 100 kg (couramment).

Récoltée à maturité,
se conserve de 2 à 4 mois.

D'octobre à décembre.

En potage, flan, confiture…

Culture

Vers la mi-avril, semez 1 graine dans des pots de 20 cm en maintenant une température d'au moins 20 °C. Arrosez pour conserver l'humidité. Assurez des arrosages fréquents jusqu'à la plantation en pleine terre.

Mettez en place lorsque les gelées ne sont plus à craindre, vers la fin mai, à une exposition ensoleillée. Il est possible de semer directement en place, vers la fin avril, 1 à 2 graines dans des poquets, espacés de 2,50 m en tous sens et préparés quelques jours auparavant avec un bon seau de compost. Arrosez chaque jour (5 litres d'eau).

Taillez la plante et ne gardez qu'un seul fruit. Vous pouvez utiliser des engrais chimiques et arroser abondamment pour obtenir de très gros fruits.

Récolte et conservation

Les fruits se récoltent lorsqu'ils sont mûrs (vers le 15 octobre), par temps sec. Coupez le pédoncule près des tiges, puis rentrez les fruits dans un local ventilé et chaud (jusqu'à 20 °C).

Géant atlantique

Cucurbita maxima (Duchesne)

GHOST RIDER

Cucurbita pepo (Linné)

Cette courge de type Halloween, coureuse et assez vigoureuse, produit des fruits orange foncé, toujours bien ronds, à peau lisse, dure, légèrement cannelée. Ceux-ci se développent sur les tiges rampantes, chaque tige portant 2 ou 3 fruits. La chair, épaisse de 3 cm environ, est de couleur orange clair. Le pédoncule vert foncé est long et robuste. Chaque plant peut donner 2 à 6 fruits.

18 à 30 cm de diamètre.

4 à 10 kg.

Récoltée à maturité,
se conserve de 2 à 4 mois.

D'octobre à décembre.

En potage, flan, confiture...
C'est une belle courge à sculpter pour la fête d'Halloween.

Culture

Vers la mi-avril, semez 2 ou 3 graines dans des godets remplis aux 3/4 d'un mélange de terre de jardin et de terreau. Arrosez pour maintenir l'humidité, mais sans excès afin d'éviter le pourrissement des graines. La levée demande 5 à 10 jours. Ne conservez que le plant le plus vigoureux dans chaque godet. Assurez des arrosages fréquents mais modérés jusqu'à la plantation.
Mettez en place lorsque les gelées ne sont plus à craindre, généralement vers la fin mai, à une exposition ensoleillée. Il est possible de semer directement en place, vers la fin avril, sous des mini-tunnels en plastique à bulles adaptés à chaque trou, les poquets étant espacés de 2 m en tous sens et préparés quelques jours auparavant avec 2 bonnes « fourchées » de compost recouvertes de terre. Faites une cuvette autour de chaque plant pour faciliter l'arrosage, et évitez de mouiller les feuilles. En période de sécheresse, 1 à 2 litres d'eau sont nécessaires.
Pour limiter les arrosages et éviter le croûtage de la terre en cas de sécheresse et de restrictions d'eau, vous pouvez effectuer un paillage du sol.

Récolte et conservation

Les fruits se récoltent lorsqu'ils sont mûrs, par temps sec. Coupez le pédoncule le plus près possible des tiges, laissez les fruits coupés au moins une journée au soleil, puis rentrez-les dans un local suffisamment ventilé et chaud (jusqu'à 20 °C).

Ghost rider

Cucurbita pepo (Linné)

GIRAUMON TURBAN TURC

Cucurbita maxima (Duchesne)

Originaire d'Amérique du Sud, cette courge coureuse présente des feuilles d'assez grande taille, arrondies en 5 lobes peu marqués. Elle donne des fruits en forme de calotte hémisphérique, entière ou divisée en 3 à 6 lobes, surmontée d'un turban plus ou moins grand et enroulé. Ces fruits sont panachés de rouge, de jaune, de vert, de blanc, parfois de deux ou trois couleurs seulement, voire d'une seule couleur. La chair très ferme, orangé clair, très épaisse côté turban, est sucrée et farineuse. Chaque plant peut porter 4 à 6 fruits. Autres noms : courge turban, giraumon turban, giraumon des Balkans, bonnet turc, aladin turban (ce dernier de plus petite taille).

12 à 15 cm de diamètre, sur 10 cm de hauteur.

1 à 5 kg.

Récolté à maturité, se conserve de 4 à 8 mois (exceptionnellement, peut sécher).

De septembre à mars.

En pain, purée, potage, soufflé, confiture… et en décoration

Culture

Semez en godet (1 à 3 graines) à partir du 15 avril, à la lumière, en maintenant une température d'au moins 20 °C et un arrosage pas trop abondant pour éviter le pourrissement des graines. La levée demande de 1 semaine à 10 jours. Ne gardez que 1 ou 2 pieds par godet. Assurez des arrosages fréquents jusqu'à la plantation en pleine terre, en plein air à partir du 15 mai, à bonne exposition.

Semez en place de fin avril à fin mai en pleine terre ou sous minitunnel (plastique à bulles) pour accélérer la germination.

Au semis ou à la plantation, en pleine terre, au soleil, mettez une pelletée de compost dans chaque trou, les poquets étant espacés de 2 m en tous sens. Pendant la période de végétation de 3 à 5 mois, arrosez si nécessaire (1 à 2 litres d'eau par jour).

Récolte et conservation

Les fruits doivent être récoltés à maturité (autour du 15 octobre). Coupez le pédoncule le plus près possible des tiges. Laissez sécher une journée au soleil les fruits coupés, puis rentrez-les et conservez-les dans un local chaud et ventilé.

Giraumon turban turc

Cucurbita maxima (Duchesne)

GOLD NUGGET

Cucurbita maxima (Duchesne)

Cette courge est une des rares maxima *non coureuses. Elle présente des feuilles rondes, vert moyen, de taille moyenne. Elle donne des fruits ronds, en forme de toupie, rose orangé, qui se développent serrés, groupés autour du tronc. Une tache étoilée, bleutée, entoure l'ombilic proéminent. La chair fine, de couleur orange, est épaisse de 2 cm. Le pédoncule liégeux est fin. Chaque plant peut porter 5 à 10 fruits.*

8 à 15 cm de diamètre.

100 à 600 g.

Récoltée à maturité,
se conserve de 3 à 9 mois.

D'octobre à mars.

Jeune : crue, râpée, avec une vinaigrette. À maturité : farcie, en purée, brioche, pain, soufflé ; en décoration.

Culture

Semez en godet (2 graines) à partir de fin avril, à la lumière, en maintenant une température d'au moins 20 °C et un arrosage pas trop abondant. Assurez ensuite des arrosages fréquents jusqu'à la plantation en pleine terre, en plein air à partir du 15 mai, à bonne exposition ; vous pouvez aussi planter plus tôt sous tunnel plastique.
Semez en place de fin avril à fin mai en pleine terre ou sous minitunnel (plastique à bulles, par exemple).
Au semis ou à la plantation, en pleine terre, mettez une dizaine de poignées de compost dans chaque trou, les poquets étant espacés de 1 m au moins en tous sens. N'oubliez pas de former une cuvette autour de chaque plant pour faciliter l'arrosage. Vous pouvez effectuer la plantation sur un plastique dont vous recouvrirez le pourtour de terre. N'oubliez pas de perforer le plastique à l'aide d'une fourche pour laisser passer l'eau de pluie. Un arrosage par semaine suffit.
Pendant la période de végétation, qui dure de 3 à 5 mois, arrosez si nécessaire (1 à 2 litres d'eau par jour).

Récolte et conservation

Pour la conservation, les fruits doivent être récoltés au fur et à mesure à maturité (lorsque la peau est dure). Coupez le pédoncule le plus près possible des tiges. Laissez sécher les fruits et conservez-les dans un local chaud (de 10 à 25 °C).

Gold nugget

Cucurbita maxima (Duchesne)

GOLDEN DELICIOUS

Cucurbita maxima (Duchesne)

Cette variété américaine coureuse produit d'assez grosses vignes qui s'allongent sur environ 4 m et des feuilles d'assez grande taille, arrondies en 5 lobes. Elle donne des fruits en forme de gros cœur ; la peau légèrement côtelée et bosselée, de couleur rouge orangé, est fine et tendre. L'ombilic est protubérant. La chair est excellente, très épaisse, un peu farineuse, de couleur orange, très riche en vitamine C ; elle est recommandée à ce titre pour les bébés. Chaque plant peut porter 2 à 4 fruits.

15 à 25 cm de diamètre, sur 20 à 30 cm de longueur.

3 à 8 kg.

Récoltée à maturité, se conserve de 3 à 6 mois.

D'octobre à février.

En gratin, pain, purée, potage, flan, soufflé, tarte, confiture…

Culture

Semez en godet (1 ou 2 graines) à partir du 15 avril, à la lumière, en maintenant une température d'au moins 20 °C. La levée demande 1 semaine à 10 jours. Ne gardez qu'un pied par godet. Assurez des arrosages fréquents jusqu'à la plantation en pleine terre, en plein air à partir du 15 mai, à bonne exposition.

Semez en place de fin avril à mi-mai en pleine terre ou sous minitunnel (plastique à bulles) pour accélérer la germination.
Le semis en pleine terre ou la plantation s'effectuent dans des poquets espacés de 2 m en tous sens et préparés 8 à 15 jours auparavant avec 2 bonnes « fourchées » de compost. Tassez et recouvrez avec la terre retirée, puis couvrez les graines de 1 à 2 cm de terreau ou tassez le plant pour favoriser la reprise.
Pendant la période de végétation de 3 à 5 mois, arrosez si nécessaire (1 à 2 litres d'eau par jour).

Récolte et conservation

Les fruits doivent être récoltés à maturité. Coupez le pédoncule le plus près possible des tiges, puis rentrez les fruits et conservez-les dans un local ventilé. Évitez de les heurter lorsque vous les manipulez car cela les fait pourrir plus rapidement.

Golden delicious

Cucurbita maxima (Duchesne)

GOLDEN HUBBARD

Cucurbita maxima (Duchesne)

***O**riginaire d'Amérique du Sud, cette variété est coureuse. Les tiges rampantes s'allongent sur 4 m environ. Les feuilles vert franc, de grande taille, sont arrondies en lobes peu marqués. Les fruits rouge orangé à peau très dure, ligneuse et verruqueuse, adoptent la forme d'une toupie double (pointus côté pédoncule et côté ombilic). L'ombilic est protubérant (comme pour toutes les hubbard), et le pédoncule cylindrique est liégeux. La chair épaisse, de couleur orange foncé, peu sucrée, non farineuse, fine et ferme, est de bonne qualité. Chaque plant produit 3 à 5 fruits. Autre nom : courge de hubbard dorée.*

15 à 25 cm de diamètre, sur 20 à 30 cm de longueur.

2 à 5 kg.

Récoltée à maturité, se conserve de 4 à 10 mois.

D'octobre à février.

En gratin, pain, purée, potage, soufflé, tarte, biscuit, brioche, confiture...

Culture

Vers le 15 avril, semez 2 ou 3 graines dans des godets remplis aux 3/4 d'un mélange de terre de jardin et de terreau. La levée demande de 5 à 10 jours. Ne conservez qu'un plant par godet. Continuez les arrosages jusqu'à la plantation.

Mettez en place lorsque les gelées ne sont plus à craindre, vers la fin mai, à bonne exposition.

Le semis en pleine terre ou la plantation s'effectuent dans des poquets espacés de 2 m en tous sens et préparés 8 à 15 jours auparavant avec 2 bonnes « fourchées » de compost. Tassez et recouvrez avec la terre retirée, puis couvrez les graines de 1 à 2 cm de terreau ou tassez le plant pour favoriser la reprise.

Une couverture du sol à base de paillettes de lin, de paille, de compost frais ou de tontes de gazon, sur 5 à 7 cm d'épaisseur, évitera la prolifération des herbes et maintiendra la fraîcheur. Cette opération se fait lorsque les jeunes plants sont suffisamment développés.

Récolte et conservation

Les fruits doivent être récoltés à maturité. Coupez le pédoncule le plus près possible des tiges. Laissez sécher au moins une journée au soleil les fruits coupés, puis conservez-les dans un local ventilé (10 à 25 °C).

Golden hubbard

Cucurbita maxima (Duchesne)

GOURDE AFRICAN WARTY

Lagenaria siceraria (Standley)

Originaire des régions tropicales d'Afrique, cette curieuse gourde est coureuse ; ses tiges rampantes, dotées de vrilles, rampent ou grimpent sur 3 à 5 m. Les feuilles rondes, entières, dégagent une odeur forte. Les fruits curieux, de forme tronconique inversée (plus gros côté pédoncule), sont totalement recouverts de verrues (ressemblant à des cerneaux de noix), excepté le tour du pédoncule. Ce dernier, fin et côtelé, est assez long. L'écorce est dure, d'un vert pomme uni ; en séchant, elle prend les mêmes coloris bruns que les autres variétés du genre. La chair est blanche et mince. Chaque plant donne de 2 à 5 fruits.

10 à 20 cm de diamètre sur autant de hauteur.

2 à 4 kg.

Récoltée à maturité, sèche.

Essentiellement en décoration, verte ou séchée.

Culture

Fin avril, pour gagner un peu de temps, vous pouvez faire démarrer la germination sur un coton humide dans une boîte en plastique transparente, en maintenant une température supérieure à 20 °C. Dès l'apparition du germe, mettez 1 graine par godet rempli d'un mélange de terre de jardin, de terreau et de sable pour assurer un bon drainage. Recouvrez les graines de 1 cm du même mélange, maintenez à la lumière du jour et à une température avoisinant 20 °C. Assurez des arrosages fréquents mais peu abondants pour terminer la levée, jusqu'à la plantation en pleine terre, en plein air vers le 30 mai, à bonne exposition, avec une pelletée de compost. Espacez les plants de 1 à 2 m, selon que vous les faites grimper ou courir au sol.

De fin avril à mi-mai, en pleine terre, semez en place 2 ou 3 graines dans des poquets espacés de 1 à 2 m en tous sens. Arrosez régulièrement pendant toute la période de végétation de 3 à 5 mois. Vous pouvez faire grimper les plantes sur une grille, le long d'une tonnelle, de chaque côté d'une allée.

Récolte et conservation

Les fruits se récoltent lorsqu'ils sont mûrs, au mois d'octobre. Coupez le pédoncule le plus long possible (vous pouvez même couper un tronçon de tige). Conservez les fruits dans un local ventilé, hors gel, pour les faire sécher.

Gourde african warty

Lagenaria siceraria (Standley)

GOURDE AMPHORE

Lagenaria siceraria (Standley)

Cette variété est originaire des régions tropicales. C'est une plante très coureuse ; ses tiges, pourvues de nombreuses vrilles et couvertes de poils, rampent ou grimpent sur plusieurs mètres (jusqu'à plus de 10 m). Les feuilles alternes sont longuement pétiolées, entières, en forme de cœur, de couleur vert-gris bleuté. Les fruits varient en forme, taille, diamètre et poids selon les types ; certains évoquent une grande gourde pèlerine (deux renflements séparés par un étranglement), une carafe (sphérique avec un col plus ou moins long côté pédoncule) ou un vase (oblong avec un col allongé). L'écorce est lisse, dure à maturité, d'un beau vert bouteille foncé avec des taches blanches irrégulières ; lorsque les fruits sont secs, l'épiderme perd sa belle couleur pour devenir brun clair avec des taches variables (noires, brun foncé, brique, beiges...). Chaque plant donne de 2 à 5 fruits.

15 à 30 cm de diamètre pour la partie renflée, sur 50 cm à 1 m de longueur.

2 à 10 kg.

Récoltée à maturité, sèche.

Essentiellement en décoration.

Culture

À partir du 15 avril, vous pouvez faire démarrer la germination sur un coton humide dans une boîte en plastique transparente, en maintenant une température supérieure à 20 °C. Dès l'apparition du germe, mettez 1 graine par godet rempli d'un mélange de terre de jardin, de terreau et de sable. Maintenez à la lumière du jour et arrosez peu pour terminer la levée, puis plus souvent jusqu'à la plantation en pleine terre, en plein air, fin mai, à bonne exposition, avec une pelletée de compost. Espacez les plants de 1 à 2 m, selon que vous les faites grimper ou ramper.

De fin avril à mi-mai, en pleine terre, semez en place 2 ou 3 graines dans des poquets espacés de 1 à 2 m en tous sens. Arrosez pendant toute la période de végétation. Vous pouvez faire grimper les plantes de chaque côté d'une allée couverte, en utilisant des perches de 3 à 3,20 m, recouvertes de filets à grosses mailles en plastique.

Récolte et conservation

Les fruits se récoltent lorsqu'ils sont mûrs, au mois d'octobre. Coupez le pédoncule le plus long possible. Conservez dans un local ventilé, hors gel.

Gourde amphore

Lagenaria siceraria (Standley)

GOURDE LONG HANDLED DIPPER

Lagenaria siceraria (Standley)

Comme toutes les gourdes, cette variété est originaire des régions tropicales. C'est une plante très coureuse ; ses tiges pourvues de nombreuses vrilles et couvertes de poils rampent ou grimpent sur plusieurs mètres. Les feuilles alternes sont longuement pétiolées, pubescentes, entières, en forme de cœur, de couleur vert-gris. Les fruits de forme sphérique présentent un col très long et mince. L'écorce est lisse, dure à maturité, d'un beau vert foncé uni ; lorsque les fruits sont secs, l'épiderme perd sa belle couleur pour devenir brun clair avec des taches de formes et de couleurs diverses (noires, brun foncé, brique, beiges...). Chaque plant donne de 2 à 5 fruits.

10 à 15 cm de diamètre pour la partie sphérique, sur 50 à 90 cm de longueur.

1 à 5 kg.

Récoltée à maturité, sèche.

Essentiellement en décoration.

Culture

À partir du 15 avril, mettez 2 à 3 graines par godet rempli aux 3/4 d'un mélange de terre de jardin, de terreau et de sable. Maintenez à la lumière du jour et à une température avoisinant 20 °C. Assurez un arrosage régulier mais peu abondant. La levée se fait en 1 à 3 semaines au plus. Maintenez des arrosages fréquents jusqu'à la plantation en pleine terre, en plein air à partir de fin mai, à bonne exposition, avec une pelletée de compost. Espacez les plants de 1 à 2 m, selon que vous les faites grimper ou courir au sol. La durée de végétation de ces variétés est assez longue.

De fin avril à mi-mai, en pleine terre, semez en place 2 ou 3 graines dans des poquets espacés de 1 à 2 m en tous sens. Arrosez régulièrement pendant toute la période de végétation de 3 à 5 mois. Vous pouvez faire grimper les plantes sur un support adapté à l'endroit de culture et à l'environnement, au milieu d'un parterre de fleurs, le long d'une tonnelle, de chaque côté d'une allée couverte.

Récolte et conservation

Les fruits se récoltent lorsqu'ils sont mûrs, au mois d'octobre, par temps sec. Coupez le pédoncule le plus long possible. Conservez dans un local ventilé, pas nécessairement chauffé mais en tout cas hors gel.

Gourde
long handled dipper

Lagenaria siceraria (Standley)

GOURDE MASSUE D'HERCULE

Lagenaria siceraria (Standley), var. *clavata* –
Lagenaria clavata (Hara.), (Ser.)

Originaire des régions tropicales, cette gourde est très coureuse ; ses tiges côtelées, poilues et dotées de nombreuse vrilles, rampent ou grimpent sur 5 à 7 m. Les feuilles en forme de cœur sont longuement pétiolées, finement dentées, entières, pubescentes, de couleur vert-gris. Les fruits sont tronconiques, plus gros côté ombilic. Le pédoncule fin et côtelé est assez long et solide. D'abord vert clair pour devenir blanchâtre à maturité, l'écorce devient jaunâtre en séchant avec des taches de couleurs variées. Les fruits cueillis jeunes renferment une chair blanche, épaisse, moelleuse. Chaque plant donne de 4 à 6 fruits. Autre nom : massue d'homme des cavernes.

10 à 20 cm de diamètre, sur 40 à 90 cm de longueur.

5 à 25 kg.

Récoltée à maturité, sèche.

Jeune : farcie, frite, au four avec des tomates, dans les tajines. Séchée : en décoration, fabrication d'objets (instruments de musique).

Culture

À partir du 15 avril, mettez 1 graine par godet rempli aux 3/4 d'un mélange de terre de jardin, de terreau et de sable pour assurer un bon drainage, maintenez à la lumière et à une température dépassant 20 °C. Assurez un arrosage peu abondant mais suffisant jusqu'à la levée. Poursuivez les arrosages jusqu'à la plantation en pleine terre, en plein air à partir du 15 mai, à bonne exposition, avec une pelletée de compost. Espacez les plants de 1 à 2 m, selon que vous voulez les faire grimper ou courir au sol.

De fin avril à mi-mai, en pleine terre, semez en place 2 ou 3 graines dans des poquets espacés de 1 à 2 m en tous sens. Arrosez régulièrement pendant toute la période de végétation qui dure de 3 à 5 mois. Vous pouvez faire grimper les plantes sur une grille, un support, au milieu d'un parterre de fleurs par exemple, ou le long d'une tonnelle.

Récolte et conservation

Les fruits se récoltent jeunes et tendres, jusqu'à 30 cm maximum de longueur, ou lorsqu'ils sont mûrs, au mois d'octobre. Coupez le pédoncule le plus long possible. Conservez les fruits dans un local ventilé pour les faire sécher.

Gourde massue d'Hercule

Lagenaria siceraria (Standley), var. *clavata* – *Lagenaria clavata* (Hara.), (Ser.)

GOURDE MASSUE LONGUE

Lagenaria siceraria (Standley), var. *longissima* – *Lagenaria longissima* hort.

Originaire des régions tropicales, comme toutes les courges du genre **Lagenaria**, *cette variété est coureuse ; ses tiges côtelées, assez fines, poilues, sont dotées de nombreuses vrilles et rampent ou grimpent sur 4 à 6 m. Les feuilles pubescentes, rondes, entières, légèrement ondulées, longuement pétiolées, dégagent une odeur assez forte. Les fruits sont cylindriques, allongés, un peu plus gros côté ombilic ; ils sont droits si la plante est palissée ou tordus si elle court sur le sol. L'écorce est dure, d'abord vert clair puis blanchâtre à maturité ; en séchant, elle prend des couleurs variées formant des taches selon les moisissures. Lorsque les fruits sont cueillis jeunes, la chair blanche, épaisse et moelleuse, est comestible. Chaque plant donne de 3 à 6 fruits. Autre nom : courge verte rampante.*

10 à 12 cm de diamètre, sur 60 cm à 2 m de longueur.

5 à 15 kg.

Récoltée à maturité, sèche.

Jeune : farcie, frite, au four avec des tomates, dans les tajines. Séchée : en décoration.

Culture

À partir du 15 avril, mettez 1 graine par godet rempli aux 3/4 d'un mélange de terre de jardin, de terreau et de sable, maintenez à la lumière du jour et à une température dépassant 20 °C. Assurez un arrosage peu abondant mais suffisant jusqu'à la levée. Maintenez les arrosages jusqu'à la plantation en pleine terre, en plein air, fin mai, à bonne exposition, avec une pelletée de compost. Espacez les plants de 1 à 2 m, selon que vous les faites grimper ou courir au sol.
De fin avril à mi-mai, en pleine terre, semez en place 2 ou 3 graines dans des poquets espacés de 1 à 2 m en tous sens. Arrosez régulièrement pendant toute la période de végétation de 3 à 5 mois. Vous pouvez faire grimper les plantes sur une grille, un support au milieu d'un parterre de fleurs, le long d'une tonnelle.

Récolte et conservation

Les fruits se récoltent jeunes et tendres, jusqu'à 30 cm de longueur, ou à maturité, au mois d'octobre. Conservez-les dans un local ventilé, pas nécessairement chauffé mais hors gel.

Gourde massue longue

Lagenaria siceraria (Standley),
var. *longissima* –
Lagenaria longissima hort.

GOURDE MATRAQUE MARENKA

Lagenaria siceraria (Standley), var. *marenka marangea* – *Lagenaria marenka marangea*

***O**riginaire des régions tropicales, comme toutes les courges du genre* **Lagenaria**, *cette gourde est coureuse ; ses tiges poilues, pourvues de vrilles, rampent ou grimpent sur 4 à 6 m. Les feuilles rondes, entières, sont longuement pétiolées. Les fruits curieux et décoratifs possèdent un col droit si la plante est palissée, ou souvent recourbé si elle court sur le sol. Ce col, mince et lisse, occupe plus de la moitié de la longueur totale du fruit ; l'autre partie, vers l'ombilic, est renflée, cabossée. Le pédoncule, fin et côtelé, est assez long. L'écorce est dure, d'un vert foncé uni qui prend, en séchant, un coloris brunâtre avec des reflets verts. Chaque plant donne de 4 à 6 fruits. Autres noms : gourde casse-tête, gourde marenka.*

12 à 15 cm de diamètre pour la partie bosselée, sur 30 à 50 cm de longueur.

5 à 25 kg.

Récoltée à maturité, sèche.

Verte ou séchée : en décoration, fabrication d'objets.

Culture

À partir du 15 avril, pour gagner un peu de temps, vous pouvez faire démarrer la germination sur un coton humide dans une boîte en plastique transparente, en maintenant une température supérieure à 20 °C. Dès l'apparition du germe, mettez 1 graine par godet rempli d'un mélange de terre de jardin, de terreau et de sable. Assurez un arrosage peu abondant jusqu'à la levée, puis maintenez des arrosages fréquents jusqu'à la plantation en pleine terre, en plein air, fin mai, à bonne exposition, avec une pelletée de compost. Espacez les plants de 1 à 2 m.

De fin avril à mi-mai, en pleine terre, semez en place 2 ou 3 graines dans des poquets espacés de 1 à 2 m en tous sens. Arrosez régulièrement pendant toute la période de végétation de 3 à 5 mois. Vous pouvez faire grimper les plantes sur une grille, un petit arbre mort, un support au milieu d'un parterre de fleurs, le long d'une tonnelle.

Récolte et conservation

Les fruits se récoltent lorsqu'ils sont mûrs, au mois d'octobre. Coupez le pédoncule le plus long possible. Conservez dans un local ventilé, pas nécessairement chauffé.

Gourde matraque marenka

Lagenaria siceraria (Standley), var. *marenka marangea* – *Lagenaria marenka marangea*

GOURDE MAYO «WARTY» BULE

Lagenaria siceraria (Standley)

Originaire des régions tropicales, cette gourde est coureuse ; ses tiges poilues, dotées de vrilles, rampent ou grimpent sur 5 à 8 m. Les feuilles rondes, entières, sont longuement pétiolées et dégagent une odeur désagréable. Les fruits curieux, de la forme d'une grosse courge bouteille ou d'un siphon géant à col plus trapu et plus court, sont recouverts de verrues sur toute la partie ventrue. Le pédoncule fin et côtelé est assez long. L'écorce est dure, d'un vert pomme uni qui s'éclaircit en mûrissant ; en séchant, elle prend les mêmes coloris bruns que les autres variétés du genre. Chaque plant donne de 2 à 5 fruits.

20 à 30 cm de diamètre, sur 30 à 40 cm de longueur.

2 à 8 kg.

Récoltée à maturité, sèche.

Essentiellement en décoration, verte ou séchée.

Culture

Fin avril, pour gagner un peu de temps, vous pouvez faire démarrer la germination sur un coton humide dans une boîte en plastique transparente, en maintenant une température supérieure à 20 °C. Dès l'apparition du germe, mettez 1 graine par godet rempli d'un mélange de terre de jardin, de terreau et de sable pour assurer un bon drainage. Recouvrez les graines de 1 cm du même mélange, maintenez à la lumière du jour et à une température avoisinant 20 °C. Assurez des arrosages fréquents mais peu abondants pour terminer la levée, jusqu'à la plantation en pleine terre, en plein air, fin mai, à bonne exposition, avec une pelletée de compost. Espacez les plants de 1 à 2 m, selon que vous les faites grimper ou courir au sol.

De fin avril à mi-mai, en pleine terre, semez en place 2 ou 3 graines dans des poquets espacés de 1 à 2 m en tous sens. Arrosez régulièrement pendant toute la période de végétation de 3 à 5 mois. Vous pouvez faire grimper les plantes sur une grille, le long d'une tonnelle, de chaque côté d'une allée couverte.

Récolte et conservation

Les fruits se récoltent lorsqu'ils sont mûrs, au mois d'octobre. Coupez le pédoncule le plus long possible. Conservez dans un local ventilé.

Gourde mayo «warty» bule

Lagenaria siceraria (Standley)

GOURDE PÈLERINE

Lagenaria siceraria (Standley), var. *gourda* –
Lagenaria gourda (Seringe)

Originaire des régions tropicales, cette variété est très coureuse ; ses tiges, assez fines, poilues, à nombreuses vrilles, rampent ou grimpent sur 4 à 6 m. Les feuilles pubescentes, cordiformes, entières, alternes, sont de couleur vert-gris et dégagent une odeur assez forte. Les fruits sont doublement renflés ; le renflement du côté pédoncule est beaucoup moins développé que l'autre, un étranglement sépare les deux parties. Les fruits peuvent aussi ne posséder qu'un seul renflement avec un col mince du côté pédoncule. L'écorce est dure, lisse, d'un vert pomme uni devenant, lors du mûrissement, vert blanchâtre ; en séchant, elle prend une couleur noisette, tachetée de rouille et de brun. La chair blanche, pleine et moelleuse, est comestible. Chaque plant donne de 3 à 6 fruits. Autres noms : courge bouteille, cougourde, calebasse.

18 à 30 cm de diamètre,
sur 20 à 40 cm de longueur.

2 à 8 kg.

Récoltée à maturité, sèche.

Jeune : en soupe, frite, au four avec des tomates, dans les tajines.
Séchée : en décoration.

Culture

À partir du 15 avril, mettez 2 à 3 graines par godet rempli d'un mélange de terre de jardin, de terreau et de sable. Maintenez à la lumière du jour et à plus de 20 °C. Assurez un arrosage peu abondant mais suffisant pour une bonne levée puis jusqu'à la plantation en pleine terre, en plein air, fin mai, à bonne exposition, avec une pelletée de compost. Espacez les plants de 1 à 2 m, selon que vous les faites grimper ou courir au sol.
De fin avril à mi-mai, en pleine terre, semez en place 2 ou 3 graines dans des poquets espacés de 1 à 2 m en tous sens. Arrosez régulièrement pendant toute la période de végétation de 3 à 5 mois. Vous pouvez faire grimper les plantes sur un support.

Récolte et conservation

Les fruits se récoltent jeunes et tendres, ou à maturité, au mois d'octobre, par temps sec. Coupez le pédoncule le plus long possible. Conservez dans un local ventilé.

Gourde pèlerine

Lagenaria siceraria (Standley), var. *gourda* – *Lagenaria gourda* (Seringe)

GOURDE PEYOTE CÉRÉMONIAL

Lagenaria siceraria (Standley)

Originaire des régions tropicales, cette petite gourde est coureuse ; ses tiges poilues, dotées de vrilles, rampent ou grimpent sur 3 à 5 m. Les feuilles rondes, entières, sont longuement pétiolées. Les fruits curieux ont la forme d'une petite gourde pèlerine (2 renflements) ou d'une petite courge bouteille à long col. Les Indiens les utilisaient comme hochet. Le pédoncule fin et côtelé est assez long. L'écorce est dure, d'un vert moyen uni qui s'éclaircit légèrement en mûrissant ; en séchant, elle prend les mêmes coloris bruns que les autres variétés du genre. Chaque plant donne 5 à 15 fruits.

4 à 10 cm de diamètre, sur 6 à 12 cm de longueur.

60 à 400 g.

Récoltée à maturité, sèche.

Essentiellement en décoration, verte ou séchée.

Culture

Fin avril, pour gagner un peu de temps, vous pouvez faire démarrer la germination sur un coton humide dans une boîte en plastique transparente, en maintenant une température supérieure à 20 °C. Dès l'apparition du germe, mettez 1 graine par godet rempli d'un mélange de terre de jardin, de terreau et de sable pour assurer un bon drainage. Recouvrez les graines de 1 cm du même mélange, maintenez à la lumière du jour et à une température avoisinant 20 °C. Assurez des arrosages fréquents mais peu abondants pour terminer la levée, jusqu'à la plantation en pleine terre, en plein air fin mai, à bonne exposition, avec une pelletée de compost. Espacez les plants de 1 à 2 m, selon que vous voulez les faire grimper ou courir au sol.

De fin avril à mi-mai, en pleine terre, semez en place 2 ou 3 graines dans des poquets espacés de 1 à 2 m en tous sens. Arrosez pendant toute la période de végétation de 3 à 5 mois. Vous pouvez faire grimper les plantes sur une grille, le long d'une tonnelle, de chaque côté d'une allée couverte.

Récolte et conservation

Les fruits se récoltent lorsqu'ils sont mûrs, au mois d'octobre. Coupez le pédoncule le plus long possible ; vous pouvez aussi garder un peu de tige rampante de chaque côté du pédoncule. Faites sécher les fruits dans un local ventilé.

Gourde peyote cérémonial

Lagenaria siceraria (Standley)

GOURDE PLATE DE CORSE

Lagenaria siceraria (Standley), var. *depressa* –
Lagenaria depressa (Seringe)

Originaire des régions tropicales, cette courge est coureuse ; ses tiges poilues, côtelées, pourvues de nombreuses vrilles, rampent ou grimpent sur plusieurs mètres. Les feuilles pétiolées, arrondies, entières, alternes, finement couvertes sur les deux faces de poils fins et courts, sont gris-vert. Les fruits lisses, arrondis et aplatis, s'incurvent très légèrement à l'ombilic mais restent plats côté pédoncule. L'écorce est dure, d'abord d'un vert plus ou moins clair blanchissant progressivement vers la maturité ; en séchant, l'épiderme prend une couleur beige avec des taches brunes, grises et rouille. La chair blanche et mince n'est pas comestible. Chaque plant donne de 3 à 8 fruits.

14 à 25 cm de diamètre, sur 10 à 15 cm de hauteur.

1 à 6 kg.

Récoltée à maturité, sèche.

Essentiellement en décoration, verte ou séchée ; fabrication de différents ustensiles (bols, saladiers, gourdes).

Culture

À partir du 15 avril, pour gagner un peu de temps, vous pouvez faire démarrer la germination sur un coton humide dans une boîte en plastique transparente, en maintenant une température supérieure à 20 °C. Dès l'apparition du germe, mettez 1 graine par godet rempli d'un mélange de terre de jardin, de terreau et de sable, placez à la lumière du jour et à une température avoisinant 20 °C. Assurez un arrosage peu abondant pour terminer la levée, puis maintenez des arrosages fréquents jusqu'à la plantation en pleine terre, en plein air, fin mai, à bonne exposition, avec une pelletée de compost. Espacez les plants de 1 à 2 m, selon que vous les faites grimper ou courir au sol.

De fin avril à mi-mai, en pleine terre, semez en place 2 ou 3 graines dans des poquets espacés de 1 à 2 m en tous sens. Arrosez régulièrement pendant toute la période de végétation, de 3 à 5 mois. Vous pouvez faire grimper les plantes sur un support.

Récolte et conservation

Les fruits se récoltent lorsqu'ils sont mûrs, au mois d'octobre. Coupez le pédoncule le plus long possible. Conservez dans un local ventilé, pas nécessairement chauffé mais en tout cas hors gel.

Gourde plate de Corse

Lagenaria siceraria (Standley), var. *depressa*
Lagenaria depressa (Seringe)

GOURDE POIRE À POUDRE

Lagenaria siceraria (Standley), var. *pyrotheca* –
Lagenaria pyrotheca (Seringe)

Originaire des régions tropicales, cette gourde est très coureuse ; ses tiges côtelées, poilues et pourvues de nombreuse vrilles, rampent ou grimpent sur 5 à 8 m. Les feuilles longuement pétiolées, entières, lobées, finement dentées, couvertes de poils fins et courts, sont vert-gris, plus foncées dessus. Les fruits adoptent la forme d'une poire plus ou moins allongée ; le col est conique et plus mince vers le pédoncule. L'écorce est dure et lisse, d'abord d'un vert pomme clair blanchissant progressivement pour devenir vert pâle au moment de la récolte ; en séchant, l'épiderme prend un coloris noisette avec des taches brunâtres. Chaque plant donne de 2 à 5 fruits.

Moins de 15 cm de diamètre dans la partie renflée, sur 20 à 35 cm de longueur.

1 à 3 kg.

Récoltée à maturité, sèche.

Essentiellement en décoration, verte ou séchée.

Culture

Fin avril, vous pouvez faire démarrer la germination sur un coton humide dans une boîte en plastique transparente, en maintenant une température supérieure à 20 °C. Dès l'apparition du germe, mettez 1 graine par godet rempli d'un mélange de terre de jardin, de terreau et de sable ; gardez à la lumière du jour. Assurez un arrosage peu abondant pour terminer la levée, puis maintenez des arrosages fréquents jusqu'à la plantation en pleine terre, en plein air, fin mai, à bonne exposition, avec une pelletée de compost. Espacez les plants de 1 à 2 m, selon que vous les faites grimper ou courir au sol.
De fin avril à mi-mai, en pleine terre, semez en place 2 ou 3 graines dans des poquets espacés de 1 à 2 m en tous sens. Arrosez régulièrement pendant toute la période de végétation de 3 à 5 mois. Vous pouvez faire grimper les plantes sur un support.

Récolte et conservation

Les fruits se récoltent lorsqu'ils sont mûrs, au mois d'octobre. Coupez le pédoncule le plus long possible. Conservez dans un local ventilé, pas nécessairement chauffé.

Gourde poire à poudre

Lagenaria siceraria (Standley), var. *pyrotheca*
Lagenaria pyrotheca (Seringe)

GOURDE RONDE DU ZAÏRE

Lagenaria siceraria (Standley), var. *gourda*

Originaire d'Afrique, cette variété est très coureuse ; ses tiges assez fines, poilues, pourvues de nombreuses vrilles, rampent ou grimpent sur 6 à 8 m. Les feuilles pubescentes, cordiformes, entières, alternes, sont de couleur verte et dégagent une odeur quelque peu désagréable. Les fruits sont sphériques, parfois avec un cou très court du côté du pédoncule. L'écorce est dure, lisse, d'un vert pomme clair devenant, lors du mûrissement, vert blanchâtre ; en séchant, elle prend une couleur ocre plus ou moins foncé. Chaque plant donne 2 à 6 fruits. Autres noms : calebasse ronde, togo.

18 à 30 cm de diamètre.

2 à 10 kg.

Récoltée à maturité, sèche.

Séchée : en décoration, pour la fabrication d'objets.

Culture

À partir du 15 avril, mettez 2 à 3 graines par godet rempli d'un mélange de terre de jardin, de terreau et de sable. Maintenez à la lumière du jour et à une température dépassant 20 °C. Assurez un arrosage peu abondant mais suffisant pour une bonne levée, puis jusqu'à la plantation en pleine terre, en plein air fin mai, à bonne exposition, avec une pelletée de compost. Espacez les plants de 1 à 2 m, selon que vous voulez les faire grimper sur un support ou courir au sol.
De fin avril à mi-mai, en pleine terre, semez en place 2 ou 3 graines dans des poquets espacés de 1 à 2 m en tous sens. Arrosez régulièrement pendant toute la période de végétation de 3 à 5 mois. Vous pouvez faire grimper les plantes sur une grille, un petit arbre mort, un support…

Récolte et conservation

Les fruits se récoltent jeunes et tendres, ou bien lorsqu'ils sont mûrs, au mois d'octobre, par temps sec. Coupez le pédoncule le plus long possible. Conservez dans un local ventilé.

Gourde ronde du Zaïre

Lagenaria siceraria (Standley), var. *gourda*

GREEN DELICIOUS

Cucurbita maxima (Duchesne)

Cette variété américaine coureuse produit des vignes qui s'allongent sur environ 3 m et des feuilles moyennes, arrondies en 5 lobes. Elle donne des fruits en forme de cœur ; la peau, légèrement côtelée et finement granitée, de couleur vert foncé, est fine et tendre ; l'ombilic est protubérant. La chair épaisse, sèche, de couleur jaune orangé, est excellente et très riche en vitamine C ; elle est recommandée pour les nourrissons. Chaque plant peut porter 2 à 4 fruits.

15 à 25 cm de diamètre,
sur autant de longueur.

2 à 6 kg.

Récoltée à maturité,
se conserve de 3 à 6 mois.

D'octobre à février.

En soufflé, pain, purée, potage, flan, tarte, confiture, pâte de fruits…

Culture

Semez en godet (1 ou 2 graines) à partir du 15 avril, à la lumière, en maintenant une température d'au moins 20 °C et un arrosage pas trop abondant pour éviter le pourrissement des graines. La levée demande 1 semaine à 10 jours. Ne gardez qu'un pied par godet. Assurez des arrosages fréquents jusqu'à la plantation en pleine terre, en plein air à partir du 15 mai.

Semez en place de fin avril à mi-mai en pleine terre.
Le semis en pleine terre ou la plantation s'effectuent dans des poquets espacés de 2 m en tous sens et préparés 8 à 15 jours auparavant avec 2 bonnes « fourchées » de compost. Tassez et recouvrez avec la terre retirée, puis couvrez les graines de 1 à 2 cm de terreau ou tassez le plant pour favoriser la reprise.
Pendant la période de végétation de 3 à 5 mois, arrosez si nécessaire (1 à 2 litres d'eau par jour).

Récolte et conservation

Les fruits doivent être récoltés à maturité. Coupez le pédoncule le plus près possible des tiges. Laissez sécher les fruits coupés une journée au soleil, puis rentrez-les et conservez-les dans un local ventilé (10 à 25 °C). Évitez de heurter les fruits lorsque vous les manipulez car cela les fait pourrir plus rapidement.

Green delicious

Cucurbita maxima (Duchesne)

GREENGOLD

Cucurbita maxima (Duchesne)

Cette courge américaine est peu coureuse ; ses tiges rampantes s'allongent sur moins de 3 m et possèdent de petites feuilles arrondies. Elle donne des fruits sphériques, aplatis, plus larges côté pédoncule que côté ombilic, divisés longitudinalement en côtes arrondies très peu profondes, de couleur jaune orangé, rayés de vert dans les creux, avec une grande tache verte du côté de l'ombilic couronné. La peau est lisse et dure. La chair épaisse, de couleur jaune foncé, est dense et un peu sucrée, de très bonne qualité. Les graines sont de petite taille (ce qui est plutôt surprenant pour une maxima*). Chaque plant peut porter 2 à 4 fruits.*

15 à 20 cm de diamètre.

2 à 3 kg.

Récoltée à maturité,
se conserve de 3 à 8 mois.

D'octobre à février.

En purée, potage, soufflé, flan, tarte, confiture…

Culture

Semez en godet (1 ou 2 graines) à partir du 15 avril, à la lumière, en maintenant une température d'au moins 20 °C et un arrosage pas trop abondant. La levée demande 1 à 2 semaines. Ne gardez qu'un pied par godet. Assurez des arrosages fréquents jusqu'à la plantation en pleine terre. Semez en place de fin avril à fin mai en pleine terre. Au semis ou à la plantation, en pleine terre, au soleil, mettez 1 ou 2 pelletées de compost dans chaque trou, les poquets étant espacés de 1,50 m en tous sens.

Une couverture du sol à base de paillettes de lin, de paille ou de compost frais évitera la prolifération des herbes et maintiendra la fraîcheur. Cette opération se fait lorsque les plants sont suffisamment développés.

Récolte et conservation

Les fruits doivent être récoltés lorsqu'ils sont à maturité (autour du 15 octobre). Coupez le pédoncule le plus près possible des tiges. Laissez sécher au moins une journée au soleil les fruits coupés, puis rentrez-les et conservez-les dans un local ventilé (10 à 25 °C).

Greengold

Cucurbita maxima (Duchesne)

GREEN HOKKAÏDO

Cucurbita maxima (Duchesne)

Cette courge japonaise coureuse présente des tiges rampantes qui s'allongent sur 2 à 3 m et des feuilles moyennes et arrondies. Elle donne des fruits ronds, très légèrement côtelés, d'une couleur terne allant du gris ardoise au vert ardoise. L'ombilic est protubérant et couronné. La peau presque lisse est facile à enlever. La chair, assez épaisse, jaune orangé, est sèche, peu fibreuse et douce. Le pédoncule cylindrique est assez gros, long et liégeux. Les graines seraient recommandées pour les diabétiques. Cette variété n'est pas très productive ; chaque plant peut porter 1 à 3 fruits.

10 à 20 cm de diamètre.

1 à 3 kg.

Récoltée à maturité,
se conservent de 3 à 8 mois.

D'octobre à décembre.

En purée, potage, sautée, en flan, tarte, confiture…

Culture

Semez en godet (1 ou 2 graines) à partir du 15 avril, à la lumière, en maintenant une température d'au moins 20 °C et un arrosage pas trop abondant. La levée demande 1 à 2 semaines. Ne gardez qu'un pied par godet. Assurez des arrosages fréquents jusqu'à la plantation en pleine terre.

Semez en place de fin avril à fin mai en pleine terre.

Au semis ou à la plantation, en pleine terre, au soleil, mettez 1 ou 2 pelletées de compost dans chaque trou, les poquets étant espacés de 1,50 m en tous sens.

N'oubliez pas de former une cuvette autour de chaque plant pour faciliter l'arrosage journalier (1 à 3 litres d'eau). Évitez de mouiller les feuilles pour prévenir les maladies.

Récolte et conservation

Les fruits doivent être récoltés lorsqu'ils sont à maturité (autour du 15 octobre), juste avant les gelées. Coupez le pédoncule le plus près possible des tiges. Laissez sécher les fruits coupés au moins une journée au soleil, puis rentrez-les et conservez-les dans un local chaud (10 à 25 °C).

Green Hokkaïdo

Cucurbita maxima (Duchesne)

GUARIJIO SEGUALCA

Cucurbita moschata (Duchesne)

Cette variété mexicaine (Sonora, Mexico) coureuse produit de nombreuses tiges qui s'allongent sur plus de 4 m. Elle donne des fruits en forme de grosse cloche ou de grande butternut à cou trapu, légèrement côtelés, de couleur verte, mouchetés de très nombreuses petites taches blanchâtres, avec sur chaque côte quelques grosses marbrures vert clair. La peau, lisse et tendre, prend une couleur ocre foncé (parties sombres) à ocre clair (taches) après quelque temps de stockage. La chair ferme, épaisse de 3 à 4 cm environ, de couleur saumon, légèrement sucrée, au goût de noisette, est délicieuse. Chaque plant peut porter 3 à 7 fruits.

15 à 20 cm de diamètre,
sur 20 à 25 cm de hauteur.

2 à 5 kg.

Récoltée à maturité,
se conserve de 4 à 9 mois.

D'octobre à janvier.

En gratin, pain, purée, potage,
à la provençale, en soufflé, tarte,
confiture...

Culture

Vers le 15 avril, semez 2 ou 3 graines dans des godets remplis d'un mélange de terre de jardin, de terreau et de sable. Maintenez à la lumière du jour et à une température avoisinant 20 °C. Arrosez suffisamment, mais sans excès pour éviter le pourrissement des graines. La levée demande 5 à 10 jours. Ne conservez qu'un plant par godet et continuez les arrosages jusqu'à la plantation.
Semez en place de fin avril à fin mai en pleine terre .
Au semis ou à la plantation, en pleine terre, au soleil, mettez 1 ou 2 pelletées de compost dans chaque trou, les poquets étant espacés de 2 m en tous sens. N'oubliez pas de former une cuvette autour de chaque plant pour faciliter l'arrosage (évitez de mouiller les feuilles). En période chaude, un arrosage journalier est nécessaire (1 à 2 litres d'eau, le soir tard).

Récolte et conservation

Les fruits sont récoltés à maturité (autour du 15 octobre). Coupez le pédoncule le plus près possible des tiges. Laissez sécher une journée au soleil les fruits coupés, puis rentrez-les et conservez-les dans un local ventilé, même chaud (de 10 à 25 °C).

Guarijio segualca

Cucurbita moschata (Duchesne)

HAPPY JACK

Cucurbita pepo (Linné)

Cette courge très vigoureuse, créée en 1991, convient parfaitement à la sculpture pour la fête d'Halloween. Ses fruits, d'une belle couleur orange foncé, ronds et un peu allongés, ont la peau lisse, avec des côtes peu marquées. Ils se développent sur les tiges très coureuses, chaque tige portant 2 fruits au maximum. Le long pédoncule vert foncé, très robuste, peut servir de poignée. La chair épaisse de 3 cm, qui varie de l'orange au jaune orangé, est de bonne qualité. Chaque plant produit 2 à 6 fruits uniformes.

25 cm de diamètre,
sur 30 cm de hauteur.

8 à 11 kg.

Récoltée à maturité,
se conserve de 2 à 5 mois.

De septembre à décembre.

En purée, potage, soufflé, flan, tarte, sauces aigres-douces…
C'est une belle courge à sculpter (Halloween).

Culture

Vers la mi-avril, semez 2 ou 3 graines dans des godets remplis d'un mélange de terre de jardin et de terreau. Gardez à la lumière du jour et à une température de 20 °C. Arrosez pour maintenir l'humidité. La levée demande 5 à 10 jours. Ne conservez que le plant le plus vigoureux dans chaque godet. Assurez des arrosages fréquents mais modérés jusqu'à la plantation.
Mettez en place lorsque les gelées ne sont plus à craindre, généralement vers la fin mai, à une exposition ensoleillée. Il est possible de semer directement en place, autour du 10 mai, les poquets étant espacés de 2 m en tous sens et préparés quelques jours auparavant avec 2 bonnes « fourchées » de compost recouvertes de terre. Faites une cuvette autour de chaque plant pour faciliter l'arrosage, et évitez de mouiller les feuilles. En période de sécheresse, 1 à 2 litres d'eau sont nécessaires.

Récolte et conservation

Les fruits se récoltent à complète maturité, lorsque l'épiderme devient rouge brique, avant les gelées. La récolte se fait par temps sec. Coupez le pédoncule le plus près possible des tiges. Laissez les fruits coupés au moins une journée au soleil, puis rentrez-les, en évitant de les cogner, et conservez-les dans un local ventilé (jusqu'à 25 °C).

Happy Jack

Cucurbita pepo (Linné)

HOPI BLACK GREEN

Cucurbita mixta (Pangalo) *ou argyrosperma* hort.

O*riginaire du Mexique (où elle était cultivée autrefois par les Indiens Hopi), cette courge très coureuse donne des fruits piriformes trapus, vert foncé avec quelques taches jaunes. La chair jaune, moyennement ferme, de 3 à 4 cm d'épaisseur, a un goût de noisette fraîche. Chaque plant peut porter 2 ou 3 fruits.*

50 cm de longueur.

Jusqu'à 25 kg.

Récoltée à maturité,
se conserve de 3 à 8 mois.

De septembre à décembre.

Crue en salade, ou
comme les courgettes.

Culture

À partir du 15 avril, pour gagner un peu de temps et éviter le pourrissement de la graine, vous pouvez faire démarrer la germination sur un coton humide dans une boîte en plastique transparente, en maintenant une température supérieure à 20 °C. Dès l'apparition du germe, mettez 1 graine par godet et assurez un arrosage peu abondant pour terminer la levée (1 semaine). Maintenez des arrosages fréquents jusqu'à la plantation en pleine terre, en plein air à partir du 15 mai, à bonne exposition ; vous pouvez aussi planter plus tôt sous tunnel plastique. La durée de végétation de cette variété est assez longue (120 jours).

À la plantation, en pleine terre, mettez une pelletée de compost dans chaque trou, les poquets étant espacés de 2 à 2,50 m au moins en tous sens. Formez une cuvette autour de chaque plant pour faciliter l'arrosage.

Pour accélérer le développement de la plante, vous pouvez effectuer la plantation sur un plastique noir dont vous recouvrirez le pourtour de terre et dans lequel vous pratiquerez un trou pour le passage de chaque plante (n'oubliez pas de perforer le plastique à l'aide d'une fourche pour laisser passer l'eau de pluie). Arrosez si nécessaire (2 à 3 litres d'eau 2 à 3 fois par semaine).

Récolte et conservation

Les fruits doivent être récoltés lorsqu'ils sont à maturité (le plus tard possible). Pour la récolte des fruits mûrs, coupez le pédoncule le plus près possible des tiges. Laissez sécher une journée au soleil les fruits coupés, puis rentrez-les et conservez-les dans un local chaud et convenablement ventilé (de 10 à 25 °C).

Hopi black green

Cucurbita mixta (Pangalo)
ou *argyrosperma* hort.

HOPI CHEESE

Cucurbita moschata (Duchesne)

Cette courge coureuse présente des tiges qui s'allongent sur plusieurs mètres et des feuilles de taille moyenne, poilues, vert foncé, tachetées de gris-blanc le long des nervures. Elle donne des fruits en forme de longue poire (la partie renflée contient les graines, la partie cylindrique est pleine) qui sont légèrement nervurés dans le sens de la longueur. La peau est lisse, verte avec des parties plus claires, puis ocre à maturité ou après quelque temps de stockage. La chair est ferme, épaisse, orangée, sucrée, de bonne valeur gustative. Chaque plant peut porter 3 à 5 fruits.

10 à 20 cm de diamètre, sur 30 à 50 cm de longueur.

2 à 5 kg.

Récoltée à maturité, se conserve de 3 à 6 mois.

De septembre à février.

En gratin, tourte, purée, potage, soufflé, ratatouille, tarte, flan, beignets, confiture...

Culture

Semez en godet (1 à 3 graines) à partir du 15 avril, en maintenant une température d'au moins 20 °C. La levée demande de 1 semaine à 10 jours. Ne gardez que le pied le plus vigoureux dans chaque godet. Maintenez des arrosages fréquents jusqu'à la plantation en pleine terre, en plein air début juin, à bonne exposition.
Semez en place de fin avril à fin mai en pleine terre.
Au semis ou à la plantation, en pleine terre, au soleil, mettez 2 ou 3 pelletées de compost dans chaque trou, les poquets étant espacés de 2 m en tous sens. Pendant toute la durée de végétation, arrosez 1 à 2 fois par semaine.

Récolte et conservation

Les fruits sont surtout récoltés à maturité, lorsque la peau vire à l'ocre (autour du 15 octobre). Coupez le pédoncule le plus près possible des tiges. Laissez sécher une journée au soleil les fruits coupés, puis conservez-les dans un local chaud (de 10 à 25 °C). Les extrémités des vignes peuvent être consommées comme des légumes verts.

Hopi cheese

Cucurbita moschata (Duchesne)

HUBBARD GREEN IMPROVED

Cucurbita maxima (Duchesne)

Originaire d'Amérique du Sud, cette variété est coureuse. Les tiges rampantes s'allongent sur 5 m environ. Les feuilles, d'assez grande taille, sont dentées et arrondies en lobes peu marqués. Les fruits légèrement côtelés, rugueux, oblongs, en forme de fuseau, sont de couleur vert bronze foncé. L'ombilic est protubérant ; l'écorce épaisse est dure. La chair épaisse, sèche, de couleur jaune orangé, douce, à fine texture, est d'excellente qualité. Chaque plant peut donner 5 ou 6 fruits. Autre nom : courge de hubbard verte améliorée.

20 à 25 cm de diamètre, sur 30 à 35 cm de longueur.

4 à 8 kg.

Récoltée à maturité, se conserve de 4 à 9 mois.

D'octobre à février.

En purée, potage, soufflé, pain, tarte, flan, confiture....

Culture

Vers le 15 avril, semez 2 ou 3 graines dans des godets remplis aux 3/4 d'un mélange de terre de jardin et de terreau. Recouvrez les graines de 1 cm du même mélange, maintenez à la lumière du jour et à une température avoisinant 20 °C. Arrosez suffisamment, mais sans excès. La levée demande de 5 à 10 jours. Ne conservez qu'un plant par godet. Continuez les arrosages jusqu'à la plantation. Mettez en place lorsque les gelées ne sont plus à craindre, vers la fin mai, à bonne exposition.

Le semis en pleine terre ou la plantation s'effectuent dans des poquets espacés de 2 m en tous sens et préparés 8 à 15 jours auparavant avec 2 bonnes « fourchées » de compost. Tassez et recouvrez avec la terre retirée, puis couvrez les graines de 1 à 2 cm de terreau ou tassez le plant pour favoriser la reprise.

Une couverture du sol à base de paillettes de lin, de paille, de compost frais ou de tontes de gazon, sur 5 à 7 cm d'épaisseur, évitera la prolifération des herbes et maintiendra la fraîcheur. Cette opération se fait lorsque les plants ont 4 à 5 feuilles.

Récolte et conservation

Les fruits doivent être récoltés à maturité. Coupez le pédoncule le plus près possible des tiges. Laissez sécher au moins une journée au soleil les fruits coupés, puis conservez-les dans un local ventilé (10 à 25 °C).

Hubbard green improved

Cucurbita maxima (Duchesne)

HUICHA

Cucurbita pepo (Linné)

Cette vieille variété, cultivée par les Indiens du Mexique, est très coureuse ; ses tiges rampantes s'allongent quelquefois sur plus de 10 m et elle peut grimper jusqu'au faîte des arbres. Elle possède de grandes feuilles, de couleur vert moyen, mouchetées de petites taches blanches, assez profondément découpées en 5 lobes. Elle donne des fruits très tardivement, guère avant début septembre (c'est une variété de jours courts). Ceux-ci sont oblongs, vert clair moucheté de blanc, munis de 10 bourrelets arrondis se rejoignant côté pédoncule. Le pédoncule vert moyen est très long. La chair blanchâtre, peu épaisse, est tendre et d'un goût délicat. Chaque plant donne en général 2 à 8 fruits.

15 à 20 cm de diamètre, sur 18 à 25 cm de hauteur.

2 à 5 kg.

Récoltée à maturité, se conserve de 4 à 12 mois.

De septembre à février.

Jeune, comme les courgettes. À maturité : en purée, potage, frite… Les graines sont excellentes.

Culture

Vers le 15 avril, semez 2 ou 3 graines dans des godets remplis aux 3/4 d'un mélange de terre de jardin et de terreau. La levée demande 5 à 10 jours. Ne conservez qu'un plant par godet. Il n'est pas nécessaire de pincer à 2 feuilles. Mettez en place lorsque les gelées ne sont plus à craindre, vers la fin mai, à bonne exposition.

Le semis en pleine terre ou la plantation s'effectuent dans des poquets espacés de 2 m en tous sens et préparés quelque 8 à 15 jours auparavant avec 2 bonnes « fourchées » de compost. Tassez et recouvrez avec la terre retirée, puis couvrez les graines de 1 à 2 cm de terreau ou tassez le plant pour favoriser la reprise.

Pour éviter le pourrissement, vous pouvez isoler les fruits du sol par une planchette ou une tuile plate.

Une couverture du sol à base de paillettes de lin ou de paille, sur 5 à 7 cm d'épaisseur, évitera la prolifération des herbes et maintiendra la fraîcheur.

Récolte et conservation

Les fruits se récoltent jeunes ou à maturité. Coupez le pédoncule près de la tige, puis rentrez les fruits et conservez-les dans un local ventilé et chaud.

Huicha

Cucurbita pepo (Linné)

JACK BE LITTLE

Cucurbita pepo (Linné)

Cette courge miniature est une variété américaine coureuse dont les minces tiges rampantes peuvent s'allonger sur 3 m environ ; les feuilles sont arrondies et de petite taille. Elle donne de nombreux petits fruits orange foncé avec parfois quelques petites taches vertes ; ils sont ronds, aplatis aux deux extrémités et très côtelés (environ 10 côtes). Le pédoncule vert est assez fin. La chair jaune orangé est un peu farineuse et sucrée avec un goût de châtaigne. Chaque plant peut produire de 8 à 20 fruits. Autres noms : courge lilliput, mini Jack be.

8 à 12 cm de diamètre, sur 2 à 3 cm de hauteur.

100 à 350 g.

Récoltée à maturité, se conserve de 3 à 12 mois.

D'août à février.

Excellente petite courge utilisée sautée, frite, farcie... ou comme décor avec des coloquintes.

Culture

Semez en godet (2 graines) à partir du 15 avril, à la lumière, en maintenant une température d'au moins 20 °C et un arrosage pas trop abondant pour éviter le pourrissement des graines. La levée demande 1 semaine à 10 jours. Assurez des arrosages fréquents jusqu'à la plantation en pleine terre, en plein air à partir du 15 mai, à bonne exposition.
Après le 15 mai, mettez en place avec une pelletée de compost, en espaçant les plants de 1,50 à 2 m.
De fin avril à mi-mai, en pleine terre, semez en place 2 ou 3 graines dans des poquets espacés de 1,50 à 2 m en tous sens. Arrosez régulièrement pendant toute la période de végétation de 3 à 5 mois. Les fruits étant petits, vous pouvez faire grimper la plante sur une grille, un petit arbre mort, un support, ou même l'installer au milieu d'un parterre de fleurs.

Récolte et conservation

Les fruits se récoltent à partir de fin août, mais aussi (pour une longue conservation) à complète maturité, juste avant les gelées. Coupez le pédoncule le plus près possible des tiges, puis rentrez les fruits et placez-les dans un local ventilé et chaud.

Jack be little

Cucurbita pepo (Linné)

JACK O'LANTERN

Cucurbita pepo (Linné)

Cette courge coureuse et assez vigoureuse est, aux États-Unis, la courge d'Halloween. Elle a été sélectionnée à partir d'un croisement de Connecticut field et de golden oblong afin d'atteindre la taille d'une tête d'homme. Ses fruits orange, ronds et un peu allongés, ont la peau lisse, avec des côtes peu marquées. Ils se développent sur les tiges rampantes, chaque tige portant 2 fruits au maximum. La chair épaisse de 3 cm, de couleur orange clair, est de bonne qualité. Chaque plant peut porter de 2 à 5 fruits.

18 à 20 cm de diamètre, sur 25 cm de hauteur.

5 à 10 kg.

Récoltée à maturité, se conserve de 2 à 5 mois.

De septembre à décembre.

En purée, potage, flan, confiture… C'est la courge type d'Halloween.

Culture

Semez en godet (1 à 3 graines) à la fin avril, à la lumière, en maintenant une température d'au moins 20 °C et un arrosage pas trop abondant pour éviter le pourrissement des graines. La levée demande 1 semaine à 10 jours. Ne gardez que 1 ou 2 pieds par godet. Assurez des arrosages fréquents mais modérés jusqu'à la plantation en pleine terre, en plein air à partir du 15 mai, à bonne exposition.
Semez en place, de fin avril à mi-mai en pleine terre. Assurez un arrosage fréquent et régulier pendant toute la période de développement de 3 à 4 mois.
Au semis ou à la plantation, en pleine terre, mettez une pelletée de compost dans chaque trou, les poquets étant espacés de 2 m au moins en tous sens. N'oubliez pas de former une cuvette autour de chaque plant pour faciliter l'arrosage (évitez autant que possible de mouiller les feuilles pour prévenir les maladies cryptogamiques).

Récolte et conservation

Les fruits se récoltent lorsqu'ils sont mûrs, quand les feuilles sont en partie sèches. Coupez le pédoncule le plus près possible des tiges, laissez au moins une journée au soleil les fruits coupés, puis rentrez-les dans un local ventilé et chaud (jusqu'à 20 °C).

Jack o'lantern

Cucurbita pepo (Linné)

JARRAHDALE

Cucurbita maxima (Duchesne)

Cette courge australienne, coureuse et très vigoureuse, produit des vignes de plus de 3 m et des feuilles entières. Les fruits sphériques, aplatis aux deux extrémités, sont divisés en nombreuses côtes arrondies, très prononcées, joignant le pédoncule à l'ombilic. La peau dure et lisse est d'un gris-vert qui ne change pas avec le vieillissement. La chair, épaisse d'environ 3 cm, de couleur jaune orangé, est sèche, fibreuse et sucrée. Chaque plant peut porter 2 à 5 fruits.

25 à 35 cm de diamètre, sur 15 à 20 cm de hauteur.

4 à 10 kg.

Récoltée à maturité, se conserve de 4 à 8 mois.

De septembre à février.

En soufflé, pain, purée, potage, flan, tarte, confiture, pâte de fruits…

Culture

Semez en godet (1 ou 2 graines) à partir du 15 avril, à la lumière, en maintenant une température d'au moins 20 °C et un arrosage pas trop abondant pour éviter le pourrissement des graines. La levée demande de 1 semaine à 10 jours. Ne gardez qu'un pied par godet. Assurez des arrosages fréquents jusqu'à la plantation en pleine terre, en plein air à partir du 15 mai.

Semez en place de fin avril à mi-mai en pleine terre ou sous minitunnel (plastique à bulles) de manière à accélérer la germination.

Au semis ou à la plantation, en pleine terre, au soleil, mettez 1 ou 2 pelletées de compost dans chaque trou, les poquets étant espacés de 2 m en tous sens. Pendant la période de végétation de 3 à 5 mois, arrosez si nécessaire (1 à 2 litres d'eau par jour).

Une plante trop envahissante peut être taillée, mais veillez lors de cette opération à ne couper qu'après la feuille qui suit une fleur femelle.

Récolte et conservation

Pour la conservation, les fruits doivent être récoltés bien mûrs, le plus tard possible, juste avant les gelées (autour du 15 octobre). Coupez le pédoncule le plus près possible des tiges. Laissez sécher les fruits coupés une journée au soleil, puis rentrez-les et conservez-les dans un local chaud (de 10 à 25 °C).

Jarrahdale

Cucurbita maxima (Duchesne)

LA MADERA

Cucurbita maxima (Duchesne)

Cette variété sud-américaine coureuse présente des feuilles d'assez grande taille, arrondies. Elle donne des fruits sphériques aplatis, légèrement plus pointus du côté de l'ombilic protubérant et largement couronné d'une tache étoilée bleutée. La peau lisse, très dure, est de couleur rose. La chair est épaisse, fine et ferme, de couleur orangé clair. Le pédoncule liégeux est assez trapu. Chaque plant peut porter 2 à 6 fruits assez denses.

25 à 35 cm de diamètre.

3 à 10 kg.

Récoltée à maturité,
se conserve de 4 à 10 mois.

D'octobre à mars.

En purée, potage, soufflé, tarte, pâte de fruits, confiture…

Culture

Semez en godet (1 ou 2 graines) à partir du 15 avril, à la lumière, en maintenant une température d'au moins 20 °C et un arrosage pas trop abondant. La levée demande 1 semaine à 10 jours. Ne gardez qu'un pied par godet. Assurez des arrosages fréquents mais modérés jusqu'à la plantation en pleine terre, en plein air à partir du 15 mai. Vous pouvez semer en place de fin avril à mi-mai en pleine terre ou sous minitunnel.
À la plantation, en pleine terre, mettez une pelletée de compost dans chaque trou, les poquets étant espacés de 2 m au moins en tous sens. Pendant la période de végétation de 3 à 5 mois, arrosez si nécessaire (1 à 2 litres d'eau par jour).
Vous pouvez effectuer la plantation sur un plastique dont vous recouvrirez le pourtour de terre. Un arrosage par semaine suffit.
Une plante trop envahissante peut être taillée, mais veillez à ne couper qu'après la feuille qui suit une fleur femelle.

Récolte et conservation

Les fruits doivent être récoltés à maturité. Coupez le pédoncule le plus près possible des tiges. Laissez sécher les fruits et conservez-les dans un local ventilé (entre 10 et 20 °C).

La madera

Cucurbita maxima (Duchesne)

LADY GODIVA

Cucurbita pepo (Linné)

Originaire du Mexique et du sud-est des États-Unis, cette courge peu coureuse adopte un port buissonnant. Les feuilles sont découpées. Les fruits, plus ou moins sphériques ont un épiderme lisse, jaune paille, rayé de larges bandes moutonnées de vert moyen. Le pédoncule est vert foncé. La chair, épaisse de 2 cm, d'un orange très clair, est de médiocre qualité. Les graines verdâtres sont nombreuses (100 à 300 g par fruit) et nues, c'est-à-dire sans tégument (peau). Chaque plant peut porter jusqu'à une quinzaine de fruits. Autres noms : courge à graines nues, courge amande, courge à huile, hulless, godiva hulless bush vine.

30 cm de diamètre.

3 à 9 kg.

Récoltée à maturité,
se conserve de 2 à 4 mois.

De septembre à novembre.

En purée, potage, ratatouille...
Les graines se consomment crues ou grillées, dans des biscuits.

Culture

Au début mai, pour éviter le pourrissement de la graine, vous pouvez faire démarrer la germination sur un coton humide dans une boîte en plastique transparente, en maintenant une température supérieure à 20 °C. Dès l'apparition du germe, mettez 1 graine par godet et assurez un arrosage peu abondant pour terminer la levée. Maintenez des arrosages fréquents jusqu'à la plantation en pleine terre. Mettez en place vers la fin mai, à une exposition ensoleillée.

Il est possible de semer directement en place, vers le 15 mai, les poquets étant espacés de 2 m en tous sens et préparés quelques jours auparavant avec 2 bonnes « fourchées » de compost recouvertes de terre. En période de sécheresse, 1 à 2 litres d'eau par jour sont nécessaires.

Récolte et conservation

Les fruits se récoltent lorsqu'ils sont mûrs. Coupez le pédoncule le plus près possible des tiges, puis rentrez les fruits dans un local ventilé et chaud (jusqu'à 20 °C). Attendez novembre pour extraire les graines car elles achèvent leur maturation dans le fruit. Faites-les sécher puis conserver-les dans des bocaux hermétiques, à l'abri de la lumière.

Lady godiva

Cucurbita pepo (Linné)

LITTLE LANTERN

Cucurbita pepo (Linné)

Cette variété de Jack o'lantern miniature est coureuse ; ses vignes vigoureuses dépassent 3 m. Les fruits, de couleur orange, ronds et un peu allongés, ont la peau lisse, légèrement côtelée. Le très long pédoncule (12 cm) peut servir de poignée. La chair, épaisse de 2 à 3 cm, de couleur orange foncé, est de bonne qualité. Chaque plant peut porter de 4 à 8 fruits.

10 à 12 cm de diamètre, sur 12 à 15 cm de hauteur.

2 à 5 kg.

Récoltée à maturité, se conserve de 2 à 5 mois.

De septembre à décembre.

En purée, potage, flan, tarte, confiture... C'est aussi une courge à sculpter (Halloween).

Culture

Au début du mois de mai, semez 2 ou 3 graines dans des godets remplis d'un mélange de terre de jardin, de terreau et de sable. Gardez à la lumière du jour et à une température d'au moins 20 °C. Arrosez pour maintenir l'humidité, mais sans excès afin d'éviter que les graines ne pourrissent. La levée demande 5 à 10 jours. Assurez des arrosages fréquents mais modérés jusqu'à la plantation.

Mettez en place lorsque les gelées ne sont plus à craindre, généralement vers la fin mai, en choisissant une exposition ensoleillée.

Semez en place, de fin avril à mi-mai, en pleine terre, 2 ou 3 graines dans des poquets espacés d'au moins 2 m en tous sens. Assurez un arrosage fréquent et régulier pendant toute la période de développement de 3 à 5 mois.

Une couverture du sol à base de paillettes de lin, de paille, de compost frais ou de tontes de gazon, sur 5 à 7 cm d'épaisseur, évitera la prolifération des herbes et maintiendra la fraîcheur. Cette opération se fait lorsque les jeunes plants sont suffisamment développés.

Récolte et conservation

Les fruits doivent être récoltés lorsqu'ils sont mûrs, juste avant les premières gelées. La récolte se fait par temps sec. Coupez le pédoncule au ras des tiges, laissez les fruits coupés au moins une journée au soleil, puis rentrez-les dans un local ventilé et chaud.

Little lantern

Cucurbita pepo (Linné)

LUMINA

Cucurbita maxima (Duchesne)

Cette courge américaine coureuse produit des tiges rampantes qui s'allongent sur plus de 3 m, et des feuilles arrondies d'assez grande taille. Elle donne des fruits sphériques, plus ou moins aplatis, divisés longitudinalement en côtes arrondies peu profondes. Les fruits récoltés fin août sont d'un blanc plus pur, mais se conservent moins longtemps. La peau lisse et mince est facile à enlever. La chair assez épaisse, de couleur orange, est ferme. Chaque plant peut porter 3 à 6 fruits.

20 à 25 cm de diamètre.

3 à 6 kg.

Récoltée à maturité,
se conserve de 4 à 8 mois.

De septembre à décembre.

En purée, potage, flan, soufflé, tarte, sauces aigres-douces...
C'est une belle courge à sculpter (Halloween).

Culture

Semez en godet (1 ou 2 graines) à partir du 15 avril, à la lumière, en maintenant une température d'au moins 20 °C et un arrosage pas trop abondant pour éviter le pourrissement des graines. La levée demande 1 à 2 semaines. Assurez des arrosages fréquents jusqu'à la plantation en pleine terre. Lorsque le plant a ses 2 premières feuilles (sans compter les cotylédons), coupez le bourgeon terminal ; 2 branches se formeront alors à l'aisselle des feuilles.
Semez en place de fin avril à fin mai en pleine terre.
Au semis ou à la plantation, en pleine terre, au soleil, mettez 1 ou 2 pelletées de compost dans chaque trou, les poquets étant espacés de 2 m en tous sens. N'oubliez pas de former une cuvette autour de chaque plant pour faciliter l'arrosage (évitez de mouiller les feuilles).

Récolte et conservation

Récoltez les fruits dans la première quinzaine de septembre pour qu'ils soient d'un blanc plus pur. Pour la conservation, ils doivent être récoltés à maturité, juste avant les gelées. Coupez le pédoncule le plus près possible des tiges, puis rentrez les fruits dans un local ventilé (10 à 25 °C).

Lumina

Cucurbita maxima (Duchesne)

MARBELHEAD YAKIMA

Cucurbita maxima (Duchesne)

Originaire d'Amérique du Sud, cette variété coureuse produit des tiges rampantes qui traînent sur 4 m environ. Les feuilles, d'assez grande taille, sont arrondies en lobes peu marqués. Les fruits sont presque ronds, à côtes peu apparentes. De couleur gris-vert cendré, ils sont rayés longitudinalement dans les creux d'étroites bandes plus claires. L'ombilic est protubérant. La peau est fine, pas très dure. La chair épaisse, sèche, de couleur jaune orangé, douce, à fine texture, est de bonne qualité. Chaque plant peut donner 3 à 6 fruits. Autre nom : marbelhead.

20 à 25 cm de diamètre.

3 à 6 kg.

Récoltée à maturité,
se conserve de 4 à 9 mois.

D'octobre à janvier.

En gratin, pain, purée, potage, soufflé, tarte, confiture…

Culture

Fin avril, semez 2 ou 3 graines dans des godets remplis d'un mélange de terre de jardin et de terreau. Recouvrez les graines de 1 cm du même mélange, maintenez à la lumière du jour et à une température avoisinant 20 °C. Arrosez suffisamment, mais sans excès pour éviter le pourrissement des graines. La levée demande de 5 à 10 jours. Ne conservez qu'un plant par godet, le plus vigoureux. Continuez ensuite les arrosages jusqu'à la plantation en pleine terre.

Mettez en place lorsque les gelées ne sont plus à craindre, vers la fin mai, à bonne exposition.

Le semis en pleine terre ou la plantation s'effectuent dans des poquets espacés de 2 à 2,50 m en tous sens et préparés 8 à 15 jours auparavant avec 2 bonnes « fourchées » de compost. Tassez et recouvrez avec la terre retirée, puis couvrez les graines de 1 à 2 cm de terreau ou tassez le plant pour favoriser la reprise. Arrosez régulièrement pendant toute la période de végétation de 2 à 5 mois.

Récolte et conservation

Les fruits doivent être récoltés à maturité (autour du 15 octobre). Coupez le pédoncule le plus près possible des tiges. Laissez sécher au moins une journée au soleil les fruits coupés, puis rentrez-les et conservez-les dans un local ventilé (10 à 25 °C).

Marbelhead yakima

Cucurbita maxima (Duchesne)

MARINA DI CHIOGGIA

Cucurbita maxima (Duchesne)

Originaire d'Amérique du Sud, cette variété italienne est coureuse ; les tiges rampantes peuvent s'allonger sur plus de 5 m ; les feuilles, assez longuement pétiolées, de couleur vert foncé, sont grandes, arrondies en 5 lobes peu marqués. Les fruits, ronds et aplatis, sont parcourus par de nombreuses côtes formées de grosses verrues. Ils sont vert foncé ou vert bronze foncé (les verrues étant souvent d'un vert plus clair) avec, côté ombilic, une calotte plus ou moins importante à l'intérieur d'une couronne liégeuse, elle-même vert foncé panaché de blanc verdâtre ou entièrement vert foncé uni (cette partie peut aussi être verruqueuse). Le pédoncule cylindrique est liégeux. La chair, très appréciée en Italie, est très ferme, presque rouge vermillon, très épaisse côté turban, sucrée et farineuse, d'excellente qualité. Chaque plant peut porter 3 à 5 fruits.

20 à 35 cm de diamètre, sur 15 à 20 cm de hauteur.

4 à 8 kg.

Récoltée à maturité, se conserve de 4 à 8 mois.

D'octobre à janvier.

En gratin, pain, purée, potage, soufflé, tarte, confiture…

Culture

Semez en godet (1 à 3 graines) fin avril, à la lumière, en maintenant une température d'au moins 20 °C et un arrosage pas trop abondant pour éviter le pourrissement des graines. La levée demande 1 semaine à 10 jours. Ne gardez que 1 ou 2 pieds par godet. Assurez des arrosages fréquents jusqu'à la plantation en pleine terre, en plein air à partir du 15 mai, à bonne exposition.
Semez en place de fin avril à fin mai en pleine terre.
Au semis ou à la plantation, en pleine terre, au soleil, mettez une pelletée de compost dans chaque trou, les poquets étant espacés de 2 m en tous sens.
Pendant la période de végétation de 3 à 5 mois, arrosez si nécessaire (1 à 2 litres d'eau par jour).

Récolte et conservation

Les fruits doivent être récoltés à maturité (autour du 15 octobre). Coupez le pédoncule le plus près possible des tiges. Laissez sécher une journée au soleil les fruits coupés, puis rentrez-les et conservez-les dans un local chaud et ventilé (10 à 25 °C).

Marina di chioggia

Cucurbita maxima (Duchesne)

MAYO BLUSHER

Cucurbita maxima (Duchesne)

Originaire d'Amérique du Sud, cette courge, cultivée et conservée par les Indiens Mayo (en Arizona), est coureuse ; les tiges s'étirent sur plus de 3 m ; les feuilles sont arrondies. Elle donne des fruits oblongs, quelquefois un peu plus renflés côté ombilic, de couleur blanchâtre à vert clair, rosissant à maturité (d'où son nom, to blush *signifiant « rougir »). L'ombilic est protubérant, le pédoncule liégeux et cylindrique. La chair assez épaisse est de couleur abricot, douce, peu sucrée, d'assez bonne qualité. La peau est fine et tendre. Chaque plant peut porter 1 à 3 fruits.*

15 à 20 cm de diamètre, sur 20 à 30 cm de longueur.

3 à 6 kg.

Récoltée à maturité, se conserve de 4 à 9 mois.

De septembre à février.

En gratin, pain, purée, potage, soufflé, tarte, confiture…

Culture

Vers le 15 avril, semez 2 ou 3 graines dans des godets remplis aux 3/4 d'un mélange de terre de jardin et de terreau. Recouvrez les graines de 1 cm du même mélange, maintenez à la lumière du jour et à une température avoisinant 20 °C. Arrosez suffisamment, mais sans excès pour éviter le pourrissement des graines. La levée demande 5 à 10 jours. Ne conservez qu'un plant par godet, le plus vigoureux. Continuez les arrosages jusqu'à la plantation.
Mettez en place lorsque les gelées ne sont plus à craindre, vers la fin mai, à bonne exposition.
Le semis en pleine terre ou la plantation s'effectuent dans des poquets espacés de 2 m en tous sens et préparés 8 à 15 jours auparavant avec 2 bonnes « fourchées » de compost. Tassez et recouvrez avec la terre retirée, puis couvrez les graines de 1 à 2 cm de terreau ou tassez suffisamment le plant pour favoriser la reprise. Arrosez tous les jours (1 à 2 litres d'eau).

Récolte et conservation

Les fruits doivent être récoltés à maturité. Coupez le pédoncule le plus près possible des tiges. Laissez sécher au moins une journée au soleil les fruits coupés, puis conservez-les dans un local ventilé (10 à 25 °C). Pour le stockage, évitez de cogner les fruits.

Mayo blusher

Cucurbita maxima (Duchesne)

MAYO KAMA

Cucurbita moschata (Duchesne)

Cette variété mexicaine (Sonora, Mexico) coureuse produit de nombreuses tiges qui s'allongent sur plus de 3 m, et des feuilles poilues, vert foncé, tachetées de blanc le long des nervures. Elle donne des fruits en forme de goutte d'eau, légèrement côtelés, de couleur vert foncé, mouchetés de très nombreuses petites taches blanches, avec sur chaque côte 5 à 7 grosses marbrures vert clair. La peau lisse et tendre prend une couleur brique après quelque temps de stockage. La chair ferme, épaisse de 3 cm environ, de couleur saumon, légèrement sucrée, au goût de noisette, est de très bonne qualité. Chaque plant peut porter 4 à 8 fruits.

15 à 20 cm de diamètre,
sur 20 à 25 cm de hauteur.

2 à 5 kg.

Récoltée à maturité,
se conserve de 4 à 9 mois.

D'octobre à janvier.

En gratin, pain, purée, potage, à la provençale, en soufflé, tarte, confiture...

Culture

Vers le 15 avril, semez 2 ou 3 graines dans des godets remplis d'un mélange de terre de jardin, de terreau et de sable. Recouvrez les graines de 1 cm du même mélange, maintenez à la lumière du jour et à une température avoisinant 20 °C. Arrosez suffisamment, mais sans excès pour éviter le pourrissement des graines. La levée demande 5 à 10 jours. Ne conservez qu'un plant par godet, le plus vigoureux. Continuez les arrosages jusqu'à la plantation.
Semez en place de fin avril à fin mai en pleine terre .
Au semis ou à la plantation, en pleine terre, au soleil, mettez 1 ou 2 pelletées de compost dans chaque trou, les poquets étant espacés de 2 m en tous sens. N'oubliez pas de former une cuvette autour de chaque plant pour faciliter l'arrosage (évitez de mouiller les feuilles lors de celui-ci). En période chaude, un arrosage journalier est nécessaire (1 à 2 litres d'eau, le soir).

Récolte et conservation

Les fruits sont récoltés à maturité (autour du 15 octobre). Coupez le pédoncule le plus près possible des tiges (si celui-ci se cassait, poudrez de lithothamne pour faciliter la cicatrisation). Laissez sécher une journée au soleil les fruits coupés, puis rentrez-les et conservez-les dans un local ventilé, même chaud (de 10 à 25 °C).

Mayo kama

Cucurbita moschata (Duchesne)

MELONNETTE JASPÉE DE VENDÉE

Cucurbita pepo (Linné)

Cette variété française coureuse produit des tiges qui s'étirent sur environ 3 m. Les feuilles, de taille moyenne, sont découpées. Les fruits, de couleur jaune orangé, sphériques, légèrement côtelés près du pédoncule, sont couverts d'une multitude de fines craquelures liégeuses qui leur donnent l'aspect d'un melon brodé, d'où sans doute le nom de « melonnette ». La chair moyennement épaisse, de couleur orange, est très sucrée et de très bonne qualité si elle est consommée bien mûre. Chaque plant donne 5 à 7 fruits. Autre nom : melonnette Saint-Julien de Croncels.

15 cm de diamètre environ.

1 à 3 kg.

Récoltée à maturité,
se conserve de 2 à 5 mois.

De septembre à décembre.

Crue : râpée, en vinaigrette ou rémoulade. Cuite : en purée, potage, tarte, flan, compote, confiture…

Culture

Vers la mi-avril, semez 2 ou 3 graines dans des godets remplis d'un mélange de terre de jardin, de terreau et de sable ; maintenez à une température d'au moins 20 °C. Conservez une bonne humidité, mais sans excès, jusqu'à la levée qui demande 5 à 10 jours. Assurez des arrosages fréquents mais modérés jusqu'à la plantation en pleine terre.
Mettez en place lorsque les gelées ne sont plus à craindre, généralement vers la fin mai, en choisissant un emplacement bénéficiant d'une exposition ensoleillée.
Semez en place, de fin avril à mi-mai, en pleine terre, 2 ou 3 graines dans des poquets espacés d'au moins 2 m en tous sens. Assurez un arrosage fréquent et régulier pendant toute la période de développement de 3 à 5 mois. Une planchette isolera les fruits du contact avec la terre ; en évitant le pourrissement, elle permettra une plus longue conservation, car les fruits sont particulièrement sensibles à l'humidité.

Récolte et conservation

Les fruits doivent être récoltés lorsqu'ils sont mûrs, par temps sec. Coupez le pédoncule au ras des tiges. Laissez sécher au moins une journée au soleil les fruits coupés, puis rentrez-les dans un local ventilé et chaud (jusqu'à 25 °C).

Melonnette jaspée de Vendée

Cucurbita pepo (Linné)

MINITURBAN ROUGE

Cucurbita maxima (Duchesne)

***O**riginaire d'Amérique, cette courge coureuse présente des feuilles de taille moyenne, arrondies en 5 lobes peu marqués. Elle donne des fruits en forme de calotte hémisphérique de couleur rosée, surmontée d'un turban rouge plus ou moins grand, uni ou rayé de blanc. La chair ferme, de couleur orangé clair, est peu épaisse. Chaque plant peut porter 6 ou 7 petits fruits.*

8 à 15 cm de diamètre.

50 à 600 g.

Récolté à maturité,
se conserve de 3 à 7 mois.

De septembre à décembre.

Essentiellement en décoration, mais peut aussi se consommer en potage, soufflé...

Culture

Semez en godet (1 à 3 graines) à partir du 15 avril, à la lumière, en maintenant une température d'au moins 20 °C et un arrosage pas trop abondant pour éviter le pourrissement des graines. La levée demande 1 semaine à 10 jours. Ne gardez que 1 ou 2 pieds par godet. Assurez des arrosages fréquents jusqu'à la plantation en pleine terre, en plein air à partir du 15 mai, à bonne exposition ; vous pouvez aussi effectuer la plantation en pleine terre plus tôt sous tunnel plastique.
Semez en place de fin avril à fin mai en pleine terre ou sous minitunnel (plastique à bulles) pour accélérer la germination de la plante.
Au semis ou à la plantation, en pleine terre, mettez une pelletée de compost dans chaque trou, les poquets étant espacés de 2 m au moins en tous sens. N'oubliez pas de former une cuvette autour de chaque plant pour faciliter l'arrosage.
Pendant la période de végétation de 3 à 5 mois, arrosez si nécessaire (généralement 1 à 2 litres d'eau par jour).

Récolte et conservation

Les fruits doivent être récoltés à maturité, c'est-à-dire juste avant les premières gelées. Coupez le pédoncule le plus près possible des tiges. Laissez sécher une journée au soleil les fruits coupés, puis rentrez-les et conservez-les dans un local chaud.

Miniturban rouge

Cucurbita maxima (Duchesne)

MONGOGO DU GUATEMALA

Cucurbita pepo (Linné)

Cette variété originaire d'Amérique centrale est coureuse ; elle produit des tiges rampantes qui s'allongent sur plusieurs mètres et des feuilles moyennes, de couleur vert moyen. Elle donne des fruits ronds, pourvus de 10 bourrelets arrondis, vert clair à vert-jaune, reliant le pédoncule à l'ombilic ; les parties entre les bourrelets sont vert foncé. Le pédoncule vert moyen est très long. La chair peu épaisse (2 cm) est blanchâtre et tendre, de goût délicat lorsqu'elle est jeune. Chaque plant peut porter 2 à 5 fruits.

15 à 20 cm de diamètre.

2 à 4 kg.

Récoltée à maturité,
se conserve de 4 à 12 mois.

D'octobre à janvier.

Jeune comme des courgettes.
Les graines sont excellentes.
Très appréciée en décoration.

Culture

Semez en godet (2 ou 3 graines) à partir du 15 avril, à la lumière, en maintenant une température d'au moins 20 °C et un arrosage pas trop abondant pour éviter le pourrissement des graines. La levée demande 5 à 10 jours. Assurez des arrosages fréquents jusqu'à la plantation en pleine terre, en plein air, fin mai. Au semis ou à la plantation, en pleine terre, mettez 1 ou 2 pelletées de compost dans chaque trou, les poquets étant espacés de 2 m au moins en tous sens. Formez une cuvette autour de chaque plant pour faciliter l'arrosage.

Pour accélérer le développement de cette variété, parfois un peu délicate et qui demande de la chaleur, vous pouvez effectuer la plantation sur un plastique dont vous recouvrirez le pourtour de terre et dans lequel vous pratiquerez un trou pour le passage de chaque plante (n'oubliez pas de perforer le plastique à l'aide d'une fourche pour laisser passer l'eau de pluie). Arrosez régulièrement 1 à 3 fois par semaine (2 à 3 litres d'eau).

Récolte et conservation

Les fruits récoltés et consommés jeunes sont délicieux. Pour la conservation, les fruits doivent être récoltés à maturité et par temps sec.

Coupez le pédoncule le plus près possible des tiges.

Mongogo du Guatemala

Cucurbita pepo (Linné)

MOREGOLD

Cucurbita maxima (Duchesne)

Cette courge américaine est peu coureuse ; ses tiges rampantes s'allongent sur moins de 3 m et possèdent de petites feuilles arrondies. Elle donne des fruits sphériques, aplatis, plus larges côté pédoncule que côté ombilic (forme d'une buttercup), de couleur orangé vif, avec une petite tache verte en étoile du côté de l'ombilic couronné. La peau est lisse et très dure. La chair épaisse, de couleur orange, est dense et un peu sucrée, de très bonne qualité. Le pédoncule liégeux est long et assez mince. Les graines blanches sont de petite taille. Chaque plant peut porter 2 à 5 fruits.

15 à 20 cm de diamètre.

1 à 2,5 kg.

Récoltée à maturité,
se conserve de 3 à 8 mois.

D'octobre à février.

En purée, potage, pain, flan, soufflé, tarte, confiture…

Culture

Semez en godet (1 ou 2 graines) à partir du 15 avril, à la lumière, en maintenant une température d'au moins 20 °C et un arrosage pas trop abondant. La levée demande 1 à 2 semaines. Ne gardez qu'un pied par godet. Assurez des arrosages fréquents jusqu'à la plantation en pleine terre.

Semez en place de fin avril à fin mai en pleine terre.

Au semis ou à la plantation, en pleine terre, au soleil, mettez 1 ou 2 pelletées de compost dans chaque trou, les poquets étant espacés de 1,50 m en tous sens.

Une couverture du sol à base de paillettes de lin, de paille ou de compost frais évitera la prolifération des herbes et maintiendra la fraîcheur. Cette opération se fait lorsque les jeunes plants sont suffisamment développés.

Récolte et conservation

Les fruits doivent être récoltés lorsqu'ils sont à maturité (autour du 15 octobre). Coupez le pédoncule le plus près possible des tiges. Laissez sécher au moins une journée au soleil les fruits coupés, puis rentrez-les et conservez-les dans un local ventilé (10 à 25 °C).

Moregold

Cucurbita maxima (Duchesne)

MUNCHKIN

Cucurbita pepo (Linné)

Cette courge miniature, de type Jack be little, est coureuse. Ses tiges rampantes sont fines et deux fois moins longues que celles des autres variétés (2 à 3 m tout au plus) ; les feuilles de petite taille sont découpées en 5 lobes bien marqués. Les fruits orange, bien arrondis et aplatis aux deux extrémités, sont très côtelés. Le pédoncule vert est assez fin. La chair jaune orangé, moyennement épaisse (1,5 cm), est ferme et sucrée. La cavité des graines étant très petite, celles-ci sont peu nombreuses. Chaque plant peut produire 6 à 15 fruits.

7 à 10 cm de diamètre, sur 3 à 4 cm de hauteur.

80 à 150 g.

Récoltée à maturité, se conserve de 3 à 8 mois.

De septembre à mars.

En décoration avec des coloquintes, ou farcie comme les Jack be little.

Culture

Semez en godet (2 graines) à partir du 15 avril, à la lumière, en maintenant une température d'au moins 20 °C et un arrosage pas trop abondant pour éviter le pourrissement des graines. La levée demande 1 semaine à 10 jours. Assurez des arrosages fréquents jusqu'à la plantation en pleine terre, en plein air à partir du 15 mai, à bonne exposition. Après le 15 mai, mettez en place avec une pelletée de compost, en espaçant les plants de 1,50 à 2 m.
De fin avril à mi-mai, en pleine terre, semez en place 2 ou 3 graines dans des poquets espacés de 1,50 à 2 m en tous sens. Arrosez régulièrement pendant toute la période de végétation de 3 à 5 mois. Les fruits étant petits, vous pouvez faire grimper la plante sur une grille, un support qui soit adapté à l'endroit de culture et à l'environnement, ou même l'installer au milieu d'un parterre de fleurs et la faire grimper sur un support conique fabriqué à la demande avec les éléments dont vous disposez.

Récolte et conservation

Les fruits doivent être récoltés par temps sec à complète maturité. Coupez le pédoncule le plus près possible des tiges. Laissez au moins une journée au soleil les fruits coupés, puis conservez-les dans un local ventilé et chaud.

Munchkin

Cucurbita pepo (Linné)

MUSQUÉE DU MAROC

Cucurbita moschata (Duchesne)

Cette variété très coureuse produit des tiges qui s'allongent sur 5 à 6 m et de grandes feuilles poilues, vert foncé, tachetées de blanc. Elle donne des fruits sphériques, à côtes peu profondes, de couleur vert foncé avec quelques taches floconneuses plus claires. À complète maturité, les fruits deviennent parfois verruqueux si la chaleur est suffisante. La peau, assez tendre, prend une couleur ocre à chamois à maturité ou après quelque temps de stockage. Le pédoncule vert foncé, assez gros, est très long (plus de 15 cm). La chair ferme, très épaisse, orange vif, légèrement sucrée et musquée, est de très bonne qualité. Chaque plant peut porter 2 ou 3 fruits.

25 à 40 cm de diamètre.

8 à 25 kg.

Récoltée à maturité, se conserve de 4 à 9 mois.

D'octobre à février.

En gratin, purée, potage, tourte, tarte, confiture.

Culture

Vers le 15 avril, semez 2 ou 3 graines dans des godets remplis d'un mélange de terre de jardin, de sable et de terreau. Maintenez à la lumière du jour et à une température avoisinant 20 °C. Arrosez suffisamment, mais sans excès. Ne conservez qu'un plant par godet. Continuez les arrosages jusqu'à la plantation. Semez en place de fin avril à fin mai en pleine terre.

Au semis ou à la plantation, en pleine terre, au soleil, mettez 1 à 3 pelletées de compost dans chaque trou, les poquets étant espacés de 2 m en tous sens.

Pour accélérer le développement, vous pouvez effectuer la plantation, à partir du 15 mai, sur un plastique dont vous recouvrirez le pourtour de terre et dans lequel vous pratiquerez un trou pour le repiquage de chaque plante. N'oubliez pas de perforer le plastique à l'aide d'une fourche pour laisser passer l'eau de pluie, et d'effectuer un arrosage hebdomadaire (2 à 5 litres d'eau).

Récolte et conservation

Les fruits sont récoltés à maturité (autour du 15 octobre). Coupez le pédoncule le plus près possible des tiges. Laissez sécher une journée au soleil les fruits coupés, puis rentrez-les dans un local ventilé, même chaud.

Musquée du Maroc

Cucurbita moschata (Duchesne)

MUSQUÉE DE PROVENCE

Cucurbita moschata (Duchesne)

Cette variété française très coureuse produit des tiges qui s'allongent sur 5 à 6 m et des feuilles assez grandes, poilues, vert foncé, tachetées de blanc le long des nervures. Elle donne des fruits sphériques, aplatis, voire déprimés aux deux extrémités, à côtes très profondes, de couleur vert foncé. La peau lisse, assez tendre, prend une couleur ocre à maturité ou après quelque temps de stockage. La chair ferme, très épaisse, orange vif, légèrement sucrée et musquée, parfumée, est de très bonne qualité. Chaque plant peut porter 2 à 5 fruits.

25 à 50 cm de diamètre, sur 16 à 30 cm de hauteur.

5 à 50 kg.

Récoltée à maturité, se conserve de 4 à 9 mois.

D'octobre à mars.

En gratin, pain, purée, potage, soufflé, tarte, tourte, confiture…

Culture

Vers le 15 avril, semez 2 ou 3 graines dans des godets remplis d'un mélange de terre de jardin et de terreau. Recouvrez les graines de 1 cm du même mélange, maintenez à la lumière du jour et à une température avoisinant 20 °C. Arrosez suffisamment, mais sans excès. La levée demande 5 à 10 jours. Ne conservez qu'un plant par godet, le plus vigoureux. Continuez les arrosages jusqu'à la plantation.
Semez en place de fin avril à fin mai en pleine terre.
Au semis ou à la plantation, en pleine terre, à bonne exposition, mettez 1 ou 2 pelletées de compost dans chaque trou, les poquets étant espacés de 2 m en tous sens.
Pour accélérer le développement, vous pouvez effectuer la plantation, à partir du 15 mai, sur un plastique dont vous recouvrirez le pourtour de terre et dans lequel vous pratiquerez un trou pour le repiquage de chaque plante. N'oubliez pas de perforer le plastique à l'aide d'une fourche pour laisser passer l'eau de pluie ; un arrosage hebdomadaire (2 à 3 litres d'eau) est nécessaire.

Récolte et conservation

Les fruits sont récoltés à maturité (autour du 15 octobre). Coupez le pédoncule le plus près possible des tiges. Laissez sécher une journée au soleil les fruits coupés, puis rentrez-les et conservez-les dans un local ventilé, même chaud (de 10 à 25 °C).

Musquée de Provence

Cucurbita moschata (Duchesne)

MUSQUÉE RUGUEUSE DE COLOMBIE

Cucurbita moschata (Duchesne)

Cette variété très coureuse produit des tiges qui s'allongent sur 5 à 8 m et des feuilles moyennes. Elle donne des fruits sphériques, à côtes peu profondes, de couleur vert très foncé avec des marbrures légèrement plus claires. À complète maturité, si la chaleur est suffisante (dans le sud de la France), les fruits deviennent verruqueux et plus clairs. La chair ferme, très épaisse, orange vif, légèrement sucrée et parfumée, est de très bonne qualité. La fructification est très tardive (souvent pas avant fin septembre), ce qui explique que dans nos régions les fruits ne soient pas ou peu verruqueux et ne se conservent pas aussi longtemps. Chaque plant peut porter 4 à 8 fruits.

20 à 30 cm de diamètre.

4 à 10 kg.

Récoltée à maturité,
se conserve de 2 à 8 mois.

D'octobre à janvier.

En gratin, purée, potage, tourte, tarte, confiture…

Culture

Semez en godet (1 à 3 graines) à partir du 15 avril. Ne gardez que le pied le plus vigoureux dans chaque godet. Maintenez des arrosages fréquents jusqu'à la plantation en pleine terre, en plein air début juin, à bonne exposition. Vous pouvez aussi semer en place de fin avril à fin mai en pleine terre.
Au semis ou à la plantation, en pleine terre, au soleil, mettez 1 ou 2 pelletées de compost dans chaque trou, les poquets étant espacés de 2 m en tous sens.
Pour accélérer le développement, vous pouvez effectuer la plantation, à partir du 15 mai, sur un plastique dont vous recouvrirez le pourtour de terre et dans lequel vous pratiquerez un trou pour le repiquage de chaque plante. N'oubliez pas de perforer le plastique à l'aide d'une fourche pour laisser passer l'eau de pluie, et d'effectuer un arrosage hebdomadaire (2 à 5 litres d'eau).

Récolte et conservation

Les fruits sont récoltés à maturité (autour du 15 octobre). Coupez le pédoncule le plus près possible des tiges. Conservez les fruits dans un local ventilé, même chaud.

Musquée rugueuse de Colombie

Cucurbita moschata (Duchesne)

NEW ENGLAND BLUE HUBBARD

Cucurbita maxima (Duchesne)

Originaire d'Amérique du Sud, cette variété est coureuse. Les fortes tiges rampantes s'allongent sur 4 à 5 m. Les feuilles, de grande taille, sont arrondies en lobes peu marqués. Les fruits légèrement côtelés, bosselés, oblongs, pointus côté pédoncule et côté ombilic, sont d'un gris bleuté uni. L'ombilic est protubérant. L'écorce épaisse est très dure. La chair épaisse, sèche, de couleur orange, douce, à grain fin, est de très bonne qualité. Chaque plant peut donner 2 ou 3 fruits. Autre nom : hubbard bleue de Nouvelle-Angleterre.

30 à 40 cm de diamètre, sur 50 à 75 cm de longueur.

10 à 25 kg.

Récoltée à maturité, se conserve de 4 à 12 mois.

D'octobre à janvier.

En gratin, pain, purée, potage, soufflé, tarte, confiture…

Culture

Vers le 15 avril, semez 2 ou 3 graines dans des godets remplis aux 3/4 d'un mélange de terre de jardin et de terreau. Recouvrez les graines de 1 cm du même mélange, maintenez à la lumière du jour et à une température avoisinant 20 °C. Arrosez suffisamment, mais sans excès pour éviter le pourrissement des graines. La levée demande 5 à 10 jours. Ne conservez qu'un plant par godet, le plus vigoureux. Lorsque le plant a 2 feuilles (sans compter les cotylédons), coupez le bourgeon terminal ; 2 branches se formeront alors à l'aisselle des feuilles. Continuez les arrosages jusqu'à la plantation.
Mettez en place lorsque les gelées ne sont plus à craindre, vers la fin mai, à bonne exposition.
Le semis en pleine terre ou la plantation s'effectuent dans des poquets espacés de 2 à 2,50 m en tous sens et préparés 8 à 15 jours auparavant avec 2 bonnes « fourchées » de compost. Tassez et recouvrez avec la terre retirée, puis couvrez les graines de 1 à 2 cm de terreau ou tassez le plant pour favoriser la reprise. Arrosez régulièrement.

Récolte conservation

Les fruits doivent être récoltés à maturité. Coupez le pédoncule le plus près possible des tiges. Laissez sécher au moins une journée au soleil les fruits coupés, puis conservez-les dans un local ventilé (10 à 25 °C).

New England blue hubbard

Cucurbita maxima (Duchesne)

PÂTISSON BLANC

Cucurbita pepo (Linné)

Cette variété, sans doute américaine, n'est pas coureuse. Ses tiges sont courtes, plus ou moins dressées. Les feuilles longuement pétiolées, vertes, assez grandes, découpées en 5 lobes peu marqués, s'érigent en touffe. Les fruits, d'un blanc laiteux, ont la forme d'un disque épais, plus ou moins renflé à chaque extrémité, dont le contour médian arrondi présente 10 festons souvent recourbés vers l'ombilic (exceptionnellement vers le pédoncule). La chair épaisse, blanche elle aussi, est ferme, un peu farineuse, d'abord peu sucrée puis davantage après quelque temps de conservation. Les jeunes fruits ont un léger goût de fond d'artichaut. Cette variété produit de nombreux fruits s'ils sont récoltés jeunes (10 à 12 cm de diamètre). Autres noms : bonnet de prêtre, bonnet d'électeur, white bush scallop, white patty pan, custard, early white bush.

25 cm de diamètre.

Jusqu'à 3 kg.

Récolté à maturité,
se conserve de 4 à 12 mois.

De juillet à décembre.

Froid à la vinaigrette, frit, sauté, confit au vinaigre…

Culture

Vers la fin avril, semez 2 ou 3 graines dans des godets remplis d'un mélange de terre de jardin, de terreau et de sable ; gardez à la lumière du jour et à une température d'au moins 20 °C. La levée demande 5 à 10 jours. Assurez des arrosages fréquents mais modérés jusqu'à la plantation. Mettez en place vers la fin mai, en choisissant un emplacement bénéficiant d'une exposition ensoleillée.
Le semis en pleine terre ou la plantation s'effectuent dans des poquets espacés de 1 m en tous sens et préparés avec 2 bonnes « fourchées » de compost. Tassez et recouvrez avec la terre retirée, puis couvrez les graines de 1 à 2 cm de terreau ou tassez le plant pour favoriser la reprise.
Arrosez régulièrement.

Récolte et conservation

Les fruits peuvent être récoltés jeunes et consommés rapidement. La récolte des fruits mûrs se fait fin septembre. Coupez le pédoncule au ras des tiges et conservez les fruits dans un local ventilé et chaud.

Pâtisson blanc

Cucurbita pepo (Linné)

PÂTISSON ORANGE

Cucurbita pepo (Linné)

Cette variété n'est pas coureuse. Les tiges courtes et les feuilles vertes, longuement pétiolées, assez grandes, découpées en 5 lobes, s'érigent en touffe. Les fruits orange vif adoptent la forme d'un disque bombé, dont le contour médian présente une dizaine de dents très prononcées. La peau est lisse. La chair, assez épaisse, de couleur jaune foncé, est ferme, farineuse, peu sucrée. Le jeune fruit a un léger goût de fond d'artichaut et c'est l'un des meilleurs pâtissons. Chaque plant produit de nombreux fruits s'ils sont récoltés jeunes (8 à 10 cm de diamètre). Autre nom : yellow bush scallop.

20 cm de diamètre.

1 à 2 kg.

Récolté à maturité,
se conserve de 3 à 7 mois.

D'août à décembre.

Froid à la vinaigrette, frit, sauté, confit au vinaigre, ou pour la décoration.

Culture

Vers la fin avril, semez 2 ou 3 graines dans des godets de 7 cm en plastique ou en tourbe, remplis d'un mélange de terre de jardin, de terreau et de sable. Recouvrez les graines de 1 cm du même mélange et gardez à la lumière du jour et à une température d'au moins 20 °C. Ne conservez que le plant le plus vigoureux dans chaque godet. Assurez des arrosages fréquents mais modérés jusqu'à la plantation. Mettez en place à partir du 15 mai, à une exposition ensoleillée. Si vous avez utilisé des godets de tourbe pour vos semis, n'oubliez pas de bien les détremper avant plantation.
Le semis en pleine terre ou la plantation s'effectuent dans des poquets espacés de 1 m en tous sens et préparés avec 2 bonnes « fourchées » de compost. Tassez et recouvrez avec la terre retirée, puis couvrez les graines de 1 à 2 cm de terreau ou tassez le plant pour favoriser la reprise.
Arrosez régulièrement.

Récolte et conservation

Les fruits peuvent être récoltés jeunes et consommés rapidement. La récolte des fruits mûrs se fait juste avant les gelées, par temps sec. Coupez le pédoncule au ras des tiges, puis rentrez les fruits et conservez-les dans un local ventilé et chaud (jusqu'à 25 °C).

Pâtisson orange

Cucurbita pepo (Linné)

PÂTISSON PANACHÉ

Cucurbita pepo (Linné)

Cette variété est quelquefois semi-coureuse. Elle commence à se développer en touffe, puis les tiges s'allongent après l'apparition des premiers fruits. Les feuilles de taille moyenne sont découpées, de couleur vert moyen avec un pétiole assez court. Les fruits adoptent la forme d'un disque très renflé côté ombilic, dont le contour présente 10 dents courtes et pointues, recourbées vers l'ombilic. Ils sont de couleur vert clair ou jaunes avec 10 rayures vert foncé, allant du pédoncule à l'ombilic en passant par le creux des dents. La peau est lisse et dure. La chair, de couleur crème, est ferme, fade, un peu farineuse. Les jeunes fruits ont un goût qui rappelle celui des fonds d'artichauts. Chaque plant produit généralement 4 à 6 fruits.

15 à 18 cm de diamètre.

1 à 1,5 kg.

Récolté à maturité,
se conserve de 3 à 7 mois.

D'août à décembre.

Froid à la vinaigrette, frit, sauté, farci, confit au vinaigre, ou pour la décoration.

Culture

Vers la mi-avril, semez 2 ou 3 graines dans des godets remplis d'un mélange de terre de jardin, de terreau et de sable. Assurez des arrosages fréquents mais modérés jusqu'à la plantation. Mettez en place lorsque les gelées ne sont plus à craindre, généralement vers la fin mai, à une exposition ensoleillée. La plantation s'effectue dans des poquets (préparés à l'avance avec un demi-seau de compost) espacés de 1,50 m en tous sens.
Le semis en pleine terre s'effectue dans des poquets espacés de 1,50 m en tous sens. Couvrez les graines de 1 à 2 cm de terreau ou tassez le plant pour favoriser la reprise. Vous pouvez isoler les fruits du contact avec la terre au moyen d'une planchette.

Récolte et conservation

Les fruits peuvent être récoltés jeunes et consommés dans les 2 à 3 jours. La récolte des fruits mûrs se fait juste avant les gelées, par temps sec. Coupez le pédoncule au ras des tiges, laissez les fruits coupés au moins une journée au soleil, puis rentrez-les et conservez-les dans un local ventilé et chaud (jusqu'à 25 °C).

Pâtisson panaché

Cucurbita pepo (Linné)

PÂTISSON PANACHÉ AMÉLIORÉ

Cucurbita pepo (Linné)

Cette variété n'est pas coureuse. Elle se développe en touffe et produit des feuilles découpées, d'assez grande taille, longuement pétiolées, de couleur vert moyen. Les fruits ont la forme d'un disque renflé à chaque extrémité (un peu plus côté ombilic), dont le contour présente des dents arrondies, souvent recourbées vers l'ombilic. Ils sont d'abord entièrement blancs, puis à maturité des rayures vertes se dessinent du pédoncule à l'ombilic en passant par le creux des dents. Ce pâtisson est plus volumineux que les autres. La peau est lisse. La chair épaisse, de couleur blanche, est ferme mais tendre, un peu farineuse. Les jeunes fruits ont un goût de fond d'artichaut. Cette variété donne peu de fruits (d'ordinaire 3 ou 4).

30 cm de diamètre.

Jusqu'à 4 kg.

Récolté à maturité,
se conserve de 4 à 12 mois.

D'octobre à janvier.

Froid à la vinaigrette, farci, frit, sauté, confit au vinaigre, ou pour la décoration.

Culture

Vers la mi-avril, semez 2 ou 3 graines dans des godets remplis d'un mélange de terre de jardin, de terreau et de sable. Gardez à la lumière du jour et à une température d'au moins 20 °C. Arrosez pour maintenir l'humidité, mais sans excès afin d'éviter que les graines ne pourrissent. Ne conservez que le plant le plus vigoureux dans chaque godet. Assurez des arrosages fréquents mais modérés jusqu'à la plantation. Mettez en place vers la fin mai, en choisissant une exposition ensoleillée. Le semis en pleine terre ou la plantation s'effectuent dans des poquets espacés de 1 m en tous sens. Vous pouvez isoler les fruits du contact avec la terre au moyen d'une planchette pour éviter leur pourrissement. Pendant les mois de juillet et août, un arrosage journalier est nécessaire (1 à 2 litres d'eau le soir).

Récolte et conservation

Les fruits peuvent être récoltés jeunes et consommés rapidement. La récolte des fruits mûrs se fait juste avant les gelées. Coupez le pédoncule au ras des tiges, puis conservez les fruits dans un local ventilé et chaud (jusqu'à 25 °C).

Pâtisson panaché amélioré

Cucurbita pepo (Linné)

PEÑASCO CHEESE

Cucurbita maxima (Duchesne)

Cette courge américaine, cultivée autrefois par les Indiens, est coureuse. Ses tiges rampantes s'allongent sur plus de 3 m et portent des feuilles arrondies d'assez grande taille. Les fruits sphériques, légèrement pointus et couronnés côté ombilic, de couleur gris bleuté, sont divisés longitudinalement en côtes très peu profondes. La peau lisse est très dure et difficile à enlever. La chair, de couleur orange, dense et sucrée, est de très bonne qualité. Chaque plant peut porter 2 à 5 fruits.

22 à 32 cm de diamètre.

3 à 8 kg.

Récoltée à maturité,
se conserve de 4 à 9 mois.

D'octobre à mars.

En gratin, pain, purée, potage, soufflé, tarte, confiture…

Culture

Semez en godet (1 ou 2 graines) à partir du 15 avril, à la lumière, en maintenant une température d'au moins 20 °C et un arrosage pas trop abondant pour éviter le pourrissement des graines. La levée demande 1 à 2 semaines. Ne gardez qu'un pied par godet. Assurez des arrosages fréquents jusqu'à la plantation en pleine terre à partir du 15 mai. Semez en place de fin avril à fin mai en pleine terre ou sous minitunnel (plastique à bulles) pour accélérer la germination de la plante.

Au semis ou à la plantation, en pleine terre, au soleil, mettez 1 ou 2 pelletées de compost dans chaque trou, les poquets étant espacés de 2 m en tous sens. N'oubliez pas de former une cuvette autour de chaque plant pour faciliter l'arrosage (évitez de mouiller les feuilles). Arrosez régulièrement le soir (2 à 3 litres d'eau).

Récolte et conservation

Les fruits doivent être récoltés à maturité (autour du 15 octobre). Coupez le pédoncule le plus près possible des tiges. Laissez sécher au moins une journée au soleil les fruits coupés, puis rentrez-les et conservez-les dans un local ventilé (10 à 25 °C).

Peñasco cheese

Cucurbita maxima (Duchesne)

PEPITA

Cucurbita mixta (Pangalo) ou *argyrosperma* hort.

Originaire du Mexique (où elle était cultivée autrefois par les Indiens), cette courge très coureuse produit des tiges qui s'allongent sur plus de 4 m. Les feuilles vert moyen, tachetées de blanc, sont pointues et découpées. Les fruits lisses, bien ronds, sont blancs, rayés d'une dizaine de bandes étroites finement zébrées de vert foncé. Le pédoncule est assez fin et long comme celui de certaines pepo. *La chair de 2 à 3 cm d'épaisseur, orange clair, moyennement ferme, quelque peu granuleuse, a un goût peu prononcé. Chaque plant peut porter 3 à 6 fruits. Autre nom : pepita round.*

20 à 25 cm de diamètre.

2 à 5 kg.

Récoltée à maturité,
se conserve de 4 à 12 mois.

D'octobre à janvier.

Froide à la vinaigrette, farcie, frite, sautée, pour la décoration...

Culture

À partir de fin avril, parce que la germination de cette variété est souvent difficile et pour éviter le pourrissement de la graine, vous pouvez faire démarrer la germination sur un coton humide, en maintenant une température supérieure à 25 °C. Dès l'apparition du germe, mettez 1 graine par godet ; assurez un arrosage peu abondant pour terminer la levée, puis régulier jusqu'à la plantation en pleine terre, fin mai, à bonne exposition. À la plantation, en pleine terre, mettez une pelletée de compost dans chaque trou, les poquets étant espacés de 2,50 m en tous sens.

Pour accélérer le développement de la plante, qui demande de la chaleur, vous pouvez effectuer la plantation sur un plastique dont vous recouvrirez le pourtour de terre et dans lequel vous pratiquerez un trou pour le passage de chaque plant (n'oubliez pas de perforer le plastique à l'aide d'une fourche pour laisser passer l'eau de pluie).

Arrosez fréquemment (2 à 3 litres d'eau par jour).

Récolte et conservation

Les fruits doivent être récoltés à maturité, le plus tard possible. Coupez le pédoncule le plus près possible des tiges. Laissez sécher les fruits coupés une journée au soleil, puis rentrez-les et conservez-les dans un local chaud et ventilé.

Pepita

Cucurbita mixta (Pangalo)
ou *argyrosperma* hort.

PIEDRAS VERDES

Cucurbita moschata (Duchesne)

Cette variété coureuse, mexicaine, présente des tiges qui s'allongent sur plus de 4 m et des feuilles de taille moyenne, poilues, vert foncé. Elle donne des fruits piriformes, partagés longitudinalement en 10 côtes arrondies ; le renflement côté ombilic contient les graines ; la partie cylindrique est pleine. La peau lisse, tendre, vert très foncé uni, peut devenir ocre après quelque temps de stockage. La chair est abondante, assez ferme, jaune orangé, musquée, de très bonne qualité. Chaque plant peut porter 1 à 4 fruits. Cette variété est tardive et a besoin de beaucoup de chaleur.

20 à 30 cm de diamètre, sur 25 à 55 cm de longueur.

8 à 18 kg.

Récoltée à maturité, se conserve de 3 à 8 mois.

De septembre à janvier.

En gratin, tourte, purée, potage, soufflé, ratatouille, tarte, confiture…

Culture

Semez en godet (1 à 3 graines) à partir du 15 avril, en maintenant une température d'au moins 20 °C. La levée demande 1 semaine à 10 jours. Ne gardez que le pied le plus vigoureux dans chaque godet. Maintenez des arrosages fréquents jusqu'à la plantation en pleine terre, en plein air début juin, à bonne exposition. Vous pouvez aussi semer en place, plus tard, de fin avril à fin mai, en pleine terre.

Au semis ou à la plantation, en pleine terre, au soleil, mettez 2 ou 3 pelletées de compost dans chaque trou, les poquets étant espacés de 2 m en tous sens. Pendant toute la durée de végétation, arrosez 1 à 2 fois par semaine. Pour obtenir de meilleurs résultats, vous pouvez utiliser un film de paillage plastique (film pour melons et cucurbitacées).

Récolte et conservation

Les fruits sont récoltés à maturité (autour du 15 octobre). Coupez le pédoncule le plus près possible des tiges. Laissez sécher une journée au soleil les fruits coupés, puis conservez-les dans un local chaud (de 10 à 25 °C).

Piedras verdes

Cucurbita moschata (Duchesne)

PINK JUMBO BANANA

Cucurbita maxima (Duchesne)

Cette courge américaine, populaire en Californie, coureuse et assez vigoureuse, produit des vignes qui s'allongent sur environ 5 à 6 m et des feuilles de grande taille, arrondies. Les fruits sont cylindriques, arrondis du côté du pédoncule, effilés du côté de l'ombilic protubérant et couronné (en forme de banane). La peau est mince, assez dure, d'abord de couleur gris-vert puis rose à maturité, légèrement rugueuse. La chair épaisse, ferme, à grain fin, un peu sucrée, de couleur orange vif, est de bonne qualité. Chaque plant peut porter 1 à 3 fruits. Il existe une variété plus petite du même type : pink banana.

15 à 30 cm de diamètre,
sur 50 cm à 1,20 m de longueur.

6 à 30 kg.

Récoltée à maturité,
se conserve de 3 à 7 mois.

D'octobre à janvier.

En gratin, pain, purée, potage,
soufflé, tarte, confiture…

Culture

Semez en godet (2 ou 3 graines) à partir du 15 avril, à la lumière, en maintenant une température d'au moins 20 °C et un arrosage pas trop abondant pour éviter le pourrissement des graines. Assurez des arrosages fréquents jusqu'à la plantation en pleine terre. Taillez après les 2 premières feuilles pour que la plante s'étoffe ; la fructification sera plus importante et se produira plus tôt.
Après le 15 mai, mettez en place avec une pelletée de compost en espaçant les plants de 2 m en tous sens.
De fin avril à mi-mai, en pleine terre, semez en place 2 ou 3 graines dans des poquets espacés de 2 m en tous sens. Par la suite, ne gardez que 1 ou 2 pieds et arrosez régulièrement pendant toute la période de végétation de 3 à 5 mois.
Une plante trop envahissante peut être taillée, mais veillez au cours de cette opération à ne couper qu'après la feuille qui suit une fleur femelle.

Récolte et conservation

Pour la conservation, récoltez les fruits autour du 15 octobre. Coupez le pédoncule le plus près possible des tiges. Laissez sécher au moins une journée au soleil les fruits coupés, puis rentrez-les et conservez-les dans un local ventilé (10 à 25 °C). Évitez de cogner les fruits en les manipulant car cela les fait pourrir plus vite.

Pink jumbo banana

Cucurbita maxima (Duchesne)

POMME D'OR

Cucurbita pepo (Linné)

Originaire du sud-est des États-Unis et du Mexique, cette courge coureuse produit de nombreuses vignes fines qui peuvent s'allonger jusqu'à 2 m et des feuilles de petite taille. Elle donne de nombreux petits fruits sphériques dont l'écorce dure, d'abord verte, devient orange à maturité. Le pédoncule fin est de couleur verte. La chair peu épaisse est fibreuse, de couleur jaune ; son goût délicat rappelle un peu celui de l'artichaut. Chaque plant peut donner jusqu'à une vingtaine de fruits.

6 à 8 cm de diamètre.

50 à 200 g.

Récoltée à maturité,
se conserve de 4 à 12 mois.

D'octobre à avril.

Farcie et servie chaude ou froide.
En décoration.

Culture

À la mi-avril, semez 2 ou 3 graines en godet, au chaud et à la lumière, en maintenant un arrosage suffisant mais pas trop abondant. Une semaine après la levée, ne gardez que le plus beau pied. Après le 15 mai, mettez en place avec une pelletée de compost en espaçant les plants de 1 à 2 m. Si vous avez utilisé des godets de tourbe, détrempez-les avant de les mettre en terre.

De fin avril à mi-mai, en pleine terre, semez en place 2 ou 3 graines dans des poquets espacés de 1,50 à 2 m en tous sens. Arrosez régulièrement pendant toute la période de végétation. Les fruits étant petits, vous pouvez faire grimper la plante sur un support.

Une couverture du sol à base de paillettes de lin, de paille, de compost frais ou de tontes de gazon, sur 5 à 7 cm d'épaisseur, évitera la prolifération des herbes et maintiendra la fraîcheur. Cette opération se fait lorsque les jeunes plants sont suffisamment développés.

Récolte et conservation

Pour la consommation, on récolte les fruits au fur et à mesure des besoins, lorsque la peau commence à tourner à l'orange. Les fruits se récoltent aussi lorsqu'ils sont mûrs, au mois d'octobre, par temps sec. Coupez le pédoncule le plus long possible. Stockez dans un endroit sec et ventilé.

Pomme d'or

Cucurbita pepo (Linné)

PONCA

Cucurbita moschata (Duchesne)

Cette variété américaine coureuse présente des feuilles velues de couleur vert foncé et des tiges rampantes qui s'allongent sur 3 m environ. Elle donne des fruits cylindriques, parfois très légèrement renflés côté ombilic. La peau est lisse, d'abord vert clair puis ocre à maturité. C'est une excellente courge à chair orange clair, ferme mais tendre, sucrée et parfumée. Chaque plant peut porter 4 à 8 fruits. Autres noms : butternut ponca, butternut du Nebraska.

8 à 10 cm de diamètre,
sur 15 à 20 cm de longueur.

600 g à 1,3 kg.

Récoltée à maturité,
se conserve de 4 à 9 mois.

D'octobre à mars.

Cru ; râpée, en vinaigrette ou rémoulade. Cuite : en gratin, pain, purée, potage, soufflé, ratatouille, tourte, tarte, confiture…

Culture

Semez en godet (1 à 3 graines) à partir du 15 avril, à la lumière, en maintenant une température d'au moins 20 °C et un arrosage suffisant, mais pas trop abondant pour éviter le pourrissement des graines. Ne gardez que le pied le plus vigoureux dans chaque godet. Maintenez des arrosages fréquents jusqu'à la plantation en pleine terre, en plein air début juin, à une exposition bien ensoleillée.

Semez en place de fin avril à fin mai en pleine terre ou sous minitunnel (plastique à bulles) pour accélérer la germination des graines.

Au semis ou à la plantation, en pleine terre, au soleil, mettez 1 ou 2 pelletées de compost dans chaque trou, les poquets étant espacés de 2 m en tous sens. N'oubliez pas de former une cuvette autour de chaque plant pour faciliter l'arrosage (évitez de mouiller les feuilles). Arrosez régulièrement pendant toute la durée de végétation.

Récolte et conservation

Les fruits doivent être récoltés à maturité, c'est-à-dire juste avant les gelées. Coupez le pédoncule le plus près possible des tiges. Laissez sécher une journée au soleil les fruits coupés, puis rentrez-les et conservez-les dans un local ventilé (de 10 à 25 °C).

Ponca

Cucurbita moschata (Duchesne)

POTIMARRON

Cucurbita maxima (Duchesne)

***O**riginaire d'Amérique du Sud, cette courge japonaise est coureuse ; les tiges rampent sur plus de 3 m, les feuilles, plutôt grandes, sont vert foncé et arrondies. Les fruits moyens, en forme de figue ou de toupie, se terminent en pointe du côté de l'ombilic plus ou moins protubérant ; parfois légèrement côtelés, ils sont de couleur rouge orangé (ou rouge brique), souvent finement rayés d'orange plus clair sur la moitié côté ombilic. La peau est fine, vaguement rugueuse et tendre. La chair d'excellente qualité, épaisse de 3 cm, ferme, de couleur jaune foncé, est sucrée ; son goût rappelle celui de la châtaigne. Chaque plant peut porter 2 à 5 fruits. Autre nom : potiron doux d'Hokkaïdo.*

12 à 22 cm de diamètre.

2 à 4 kg.

Récolté à maturité,
se conserve de 2 à 6 mois.

De septembre à février.

En gratin, pain, purée, potage, soufflé, tarte, confiture...

Culture

Vers le 15 avril, semez 2 ou 3 graines dans des godets remplis d'un mélange de terre de jardin, de terreau et de sable. Maintenez à la lumière du jour et à une température avoisinant 20 °C. Arrosez suffisamment, mais sans excès pour éviter le pourrissement des graines. Ne conservez qu'un plant par godet, le plus vigoureux. Continuez les arrosages jusqu'à la plantation. Mettez en place, vers la fin mai, à bonne exposition.

Le semis en pleine terre ou la plantation s'effectuent dans des poquets espacés de 2 m en tous sens et préparés avec 2 bonnes « fourchées » de compost. Tassez et recouvrez avec la terre retirée, puis couvrez les graines de 1 à 2 cm de terreau ou tassez le plant pour favoriser la reprise.

Arrosez régulièrement pendant toute la durée de végétation.

Récolte et conservation

Les fruits doivent être récoltés à maturité. Coupez le pédoncule le plus près possible des tiges. Laissez sécher les fruits coupés au moins une journée au soleil, puis conservez-les dans un local ventilé (10 à 25 °C). Évitez de cogner les fruits, car ils se meurtrissent facilement et pourriraient plus vite.

Potimarron

Cucurbita maxima (Duchesne)

POTIRON D'ALENÇON

Cucurbita maxima (Duchesne)

Cette courge française coureuse produit des feuilles entières arrondies et des tiges rampantes de plus de 3 m. Elle donne des fruits oblongs, légèrement côtelés, de couleur orange, à l'éclat vernissé. La chair moyennement épaisse (2 à 3 cm) est ferme, orangée, avec un goût de noisette fraîche. La peau est tendre. Chaque plant peut porter 2 à 5 fruits.

20 à 30 cm de diamètre, sur 40 à 50 cm de longueur.

4 à 8 kg.

Récolté à maturité, se conserve de 3 à 6 mois.

D'octobre à janvier.

En gratin, pain, purée, potage, soufflé, tarte, confiture...

Culture

Semez en godet (2 ou 3 graines) à partir du 15 avril, à la lumière, en maintenant une température d'au moins 20 °C et un arrosage pas trop abondant pour éviter le pourrissement des graines. La levée demande 1 semaine à 10 jours. Assurez des arrosages fréquents jusqu'à la plantation en pleine terre. Taillez après les 2 premières feuilles pour que la plante s'étoffe ; elle fructifiera davantage et plus tôt.

Après le 15 mai, mettez en place avec une pelletée de compost en espaçant les plants de 2 m en tous sens.

De fin avril à mi-mai, en pleine terre, semez en place 2 ou 3 graines dans des poquets espacés de 2 m en tous sens. Par la suite, ne gardez que le plus beau pied et arrosez régulièrement pendant toute la période de végétation de 3 à 5 mois.

En cas de mildiou ou d'oïdium, pratiquez une pulvérisation de bouillie bordelaise additionnée de soufre micronisé ; intervenez de préférence le matin de bonne heure.

Récolte et conservation

Pour la conservation, récoltez les fruits le plus tard possible. Coupez le pédoncule le plus près possible des tiges. Laissez sécher au moins une journée au soleil les fruits coupés, puis rentrez-les et conservez-les dans un local ventilé (10 à 25 °C).

Potiron d'Alençon

Cucurbita maxima (Duchesne)

POTIRON BLANC DE CORNÉ

Cucurbita maxima (Duchesne)

Cette variété locale française, surtout connue dans le Maine-et-Loire, est une courge coureuse dont les tiges rudes s'allongent sur plusieurs mètres ; les feuilles entières sont finement dentées. Les fruits presque sphériques, à larges côtes arrondies très peu profondes, sont incurvés du côté du pédoncule et aplatis du côté de l'ombilic non proéminent. L'épiderme, lisse, blanc jaunâtre avec quelques reflets roses, est mince et souple après cuisson. Comme le potiron blanc de Mayet, il est aussi appelé « cul de singe » dans sa région d'origine. La chair jaune orangé, épaisse de 3 à 4 cm, de texture pâteuse et de saveur douce, est de bonne qualité. Chaque plant peut porter 2 à 4 fruits.

18 à 30 cm de diamètre, sur 15 à 20 cm de hauteur.

2 à 4 kg.

Récolté à maturité, se conserve de 4 à 6 mois.

D'octobre à janvier.

En gratin, purée, potage, soufflé, sauté, en confiture…

Culture

Semez en godet (1 ou 2 graines) à partir du 15 avril, à la lumière, en maintenant une température d'au moins 20 °C et un arrosage pas trop abondant pour éviter le pourrissement des graines ; ne gardez qu'un pied par godet. Assurez des arrosages fréquents jusqu'à la plantation en pleine terre. Vous pouvez aussi semer en place de fin avril à fin mai en pleine terre ou sous minitunnel (plastique à bulles) pour accélérer la germination.

Au semis ou à la plantation, en pleine terre, au soleil, mettez 1 ou 2 pelletées de compost dans chaque trou, les poquets étant espacés de 2 m en tous sens. N'oubliez pas de former une cuvette autour de chaque plant pour faciliter l'arrosage (évitez de mouiller les feuilles pour prévenir les maladies).

Récolte et conservation

Les fruits doivent être récoltés à maturité (autour du 15 octobre). Coupez le pédoncule le plus près possible des tiges. Laissez sécher au moins une journée au soleil les fruits coupés, puis rentrez-les et conservez-les dans un local entre 10 à 25 °C.

Potiron blanc de Corné

Cucurbita maxima (Duchesne)

POTIRON BLANC DE MAYET

Cucurbita maxima (Duchesne)

Cette vieille variété française est coureuse ; les tiges rampantes s'allongent sur environ 3 m et portent des feuilles arrondies, vert franc, de taille moyenne. Les fruits sphériques, marqués de côtes arrondies très peu profondes, sont blancs à blanc un peu rosé. L'ombilic est gros et couronné, ce qui a valu à cette variété le nom de « cul de singe ». La peau est lisse et mince, facile à enlever. La chair assez épaisse, de couleur rouge vermillon, assez ferme et sucrée, est de très bonne qualité. Chaque plant peut porter 2 à 4 fruits. Cette variété n'est pas toujours facile à cultiver car son comportement est très irrégulier.

20 à 30 cm de diamètre.

2 à 5 kg.

Récolté à maturité,
se conserve de 4 à 8 mois.

D'octobre à janvier.

En gratin, pain, purée, potage, soufflé, tarte, confiture…

Culture

Semez en godet (1 ou 2 graines) à partir de fin avril, à la lumière, en maintenant une température d'au moins 20 °C et un arrosage pas trop abondant. La levée demande 1 à 2 semaines. Ne gardez qu'un pied par godet. Assurez des arrosages fréquents jusqu'à la plantation en pleine terre.

Semez en place de fin avril à fin mai en pleine terre ou sous minitunnel (plastique à bulles) pour accélérer la germination des graines.
Au semis ou à la plantation, en pleine terre, au soleil, mettez 1 ou 2 pelletées de compost dans chaque trou, les poquets étant espacés de 2 m en tous sens. N'oubliez pas de former une cuvette autour de chaque plant pour faciliter l'arrosage (évitez de mouiller les feuilles). Par grandes chaleurs, 1 à 3 litres d'eau sont nécessaires tous les soirs.

Récolte et conservation

Les fruits doivent être récoltés à maturité, juste avant les gelées. Coupez le pédoncule le plus près possible des tiges. Laissez sécher au moins une journée au soleil les fruits coupés, puis rentrez-les et conservez-les dans un local chaud et ventilé (10 à 25 °C).

Potiron blanc de Mayet

Cucurbita maxima (Duchesne)

POTIRON BLEU DE HONGRIE

Cucurbita maxima (Duchesne)

Originaire d'Amérique du Sud, cette courge, très cultivée en Hongrie, est coureuse ; les tiges rampent sur plus de 4 m, les grandes feuilles sont vert foncé et arrondies. Les fruits sphériques, aplatis, incurvés à chaque extrémité, à côtes peu marquées, présentent une peau tendre, lisse, d'un gris-bleu uni. Le pédoncule assez court est gros, cylindrique et liégeux. La chair très épaisse (jusqu'à 6 cm), ferme, de couleur jaune, un peu sucrée, douce, est de bonne qualité. Chaque plant peut porter 2 à 4 fruits. Autre nom : nagydobosy sütotok.

20 à 35 cm de diamètre, sur 15 à 25 cm de hauteur.

4 à 8 kg.

Récolté à maturité, se conserve de 3 à 6 mois.

D'octobre à janvier.

En gratin, pain, purée, potage, soufflé, tarte, confiture…

Culture

Vers la fin avril, semez 2 ou 3 graines dans des godets remplis d'un mélange de terre de jardin et de terreau. Maintenez à la lumière du jour et à une température avoisinant 20 °C. Arrosez suffisamment, mais sans excès pour éviter le pourrissement des graines. Ne conservez qu'un plant par godet, le plus vigoureux. Lorsque le plant a 2 feuilles (sans compter les cotylédons), coupez le bourgeon terminal ; 2 branches se formeront alors à l'aisselle des feuilles. Continuez les arrosages jusqu'à la plantation.
Mettez en place lorsque les gelées ne sont plus à craindre, vers la fin mai, à bonne exposition.
Le semis en pleine terre ou la plantation s'effectuent dans des poquets espacés de 2 m en tous sens et préparés 8 à 15 jours auparavant avec 2 bonnes « fourchées » de compost. Tassez et recouvrez avec la terre retirée, puis couvrez les graines de 1 à 2 cm de terreau ou tassez le plant pour favoriser la reprise. Arrosez régulièrement pendant toute la période de végétation.

Récolte et conservation

Les fruits doivent être récoltés à maturité. Coupez le pédoncule le plus près possible des tiges. Laissez sécher au moins une journée au soleil les fruits coupés, puis conservez-les dans un local ventilé (10 à 25 °C). Évitez de cogner les fruits, car ils se meurtrissent facilement et pourriraient de ce fait plus vite.

Potiron bleu de Hongrie

Cucurbita maxima (Duchesne)

POTIRON DU CHILI

Cucurbita maxima (Duchesne)

Cette courge très coureuse présente des feuilles de grande taille, arrondies en 5 lobes à peine marqués. Elle donne des fruits de forme tronconique, couronnés et pointus côté ombilic, d'un gris-vert bleuté clair. Le pédoncule court est cylindrique et liégeux. La chair très épaisse (4 à 5 cm), fine et ferme, est orangée. Chaque plant peut porter 2 ou 3 fruits très lourds.

30 à 50 cm de diamètre.

15 à 40 kg.

Récolté à maturité,
se conserve de 4 à 8 mois.

D'octobre à mars.

En gratin, pain, purée, potage,
pâte de fruits, tarte, confiture…

Culture

Semez en godet (1 ou 2 graines) à partir du 15 avril, à la lumière, en maintenant une température d'au moins 20 °C et un arrosage pas trop abondant pour éviter le pourrissement des graines. La levée demande 1 à 2 semaines. Ne gardez qu'un pied par godet. Assurez des arrosages fréquents jusqu'à la plantation en pleine terre.

Semez en place de fin avril à mi-mai en pleine terre.

Vous pouvez effectuer la plantation, à partir du 15 mai, sur un plastique dont vous recouvrirez le pourtour de terre et dans lequel vous pratiquerez un trou pour le repiquage de chaque plant. À la plantation, en pleine terre, mettez une pelletée de compost dans chaque trou, les poquets étant espacés de 2 m au moins en tous sens. N'oubliez pas de perforer le plastique à l'aide d'une fourche pour laisser passer l'eau de pluie, et de former une petite cuvette autour de chaque plant pour faciliter l'arrosage hebdomadaire.

Une plante trop envahissante peut être taillée. Pour obtenir de plus gros fruits à maturité, taillez à 1 ou 2 feuilles après chaque fruit.

Récolte et conservation

Les fruits doivent être récoltés à maturité (le plus tard possible). Coupez le pédoncule le plus près possible des tiges. Laissez sécher au moins une journée au soleil les fruits coupés, puis rentrez-les et conservez-les dans un local ventilé (10 à 25 °C).

Potiron du Chili

Cucurbita maxima (Duchesne)

POTIRON GALEUX D'EYSINES

Cucurbita maxima (Duchesne)

Originaire d'Amérique du Sud, cette courge française, de la région de Bordeaux, est coureuse et vigoureuse ; ses tiges rampantes atteignent 4 à 5 m et portent de grandes feuilles vert foncé, arrondies et ondulées. Elle donne des fruits sphériques, aplatis aux deux extrémités, plus ou moins recouverts de grosses gales liégeuses. Les fruits sont d'abord lisses, plutôt orangés. Pendant le dernier tiers de leur période de croissance, ils deviennent roses, la peau se fendille, les crevasses s'élargissent, leurs lèvres se retournent en formant des bourrelets liégeux. La peau reste tendre. Le pédoncule cylindrique est liégeux lui aussi. La chair, excellente, très épaisse, de couleur jaune orangé, est fine, ferme, tendre et sucrée. Chaque plant peut porter 2 à 4 fruits. Autres noms : giraumon galeux d'Eysines, courge brodée galeuse, courge galeuse d'Eysines.

25 à 50 cm de diamètre, sur 20 à 30 cm de hauteur.

5 à 15 kg.

Récolté à maturité, se conserve de 2 à 4 mois.

D'octobre à décembre.

En gratin, pain, purée, potage, soufflé, tarte, confiture…

Culture

Semez en godet (1 ou 2 graines) à partir de la fin avril, à la lumière, en maintenant une température d'au moins 20 °C et un arrosage pas trop abondant. Ne gardez qu'un pied par godet. Assurez des arrosages fréquents jusqu'à la plantation en pleine terre.
Mettez en place vers la fin mai, à une exposition ensoleillée. La plantation s'effectue dans des poquets (préparés à l'avance avec un demi-seau de compost) espacés de 2 m en tous sens.
De fin avril à mi-mai, en pleine terre, semez en place 2 ou 3 graines dans des poquets espacés de 2 m en tous sens environ. Par la suite, ne gardez que le plus beau pied et arrosez régulièrement pendant toute la période de végétation de 3 à 5 mois.

Récolte et conservation

Les fruits doivent être récoltés à maturité (autour du 15 octobre). Coupez le pédoncule le plus près possible des tiges. Laissez bien sécher 1 à 3 jours au soleil les fruits coupés, puis rentrez-les et conservez-les dans un local ventilé.

Potiron galeux d'Eysines

Cucurbita maxima (Duchesne)

POTIRON JAUNE GROS DE PARIS

Cucurbita maxima (Duchesne)

Cette courge française, sans doute la plus connue et la plus cultivée chez nous, est coureuse et vigoureuse ; ses vignes atteignent 5 à 6 m et portent de grandes feuilles d'un vert assez foncé, arrondies en 5 lobes peu marqués. Elle donne des fruits sphériques, plus ou moins aplatis aux deux extrémités, peu ou pas côtelés. De couleur jaune à rose saumon, ils sont fendillés, brodés à maturité. La peau reste tendre. La chair, très épaisse, de couleur jaune, est fine, tendre, aqueuse, un peu sucrée, de qualité moyenne. Chaque plant peut porter 1 à 4 fruits.

25 à 65 cm de diamètre, sur 20 à 40 cm de hauteur.

15 à 50 kg.

Récolté à maturité, se conserve de 2 à 6 mois.

D'octobre à janvier.

En potage, velouté, soufflé, flan, confiture…

Culture

Semez en godet (1 ou 2 graines) à la fin du mois d'avril, à la lumière, en maintenant une température d'au moins 20 °C et un arrosage pas trop abondant ; ne gardez qu'un pied par godet. Assurez des arrosages fréquents jusqu'à la plantation en pleine terre.

Mettez en place lorsque les gelées ne sont plus à craindre, généralement vers la fin mai, à une exposition ensoleillée. La plantation s'effectue dans des poquets espacés de 2 m en tous sens, préparés à l'avance avec un seau de compost ou de fumier bien décomposé. De fin avril à mi-mai, en pleine terre, semez en place 2 ou 3 graines dans des poquets espacés de 2 m en tous sens. Par la suite, ne gardez que le plus beau pied et arrosez régulièrement pendant toute la période de végétation qui dure de 3 à 5 mois.

Une plante trop envahissante peut être taillée, mais veillez à ne couper qu'après la feuille qui suit une fleur femelle.

Récolte et conservation

Les fruits doivent être récoltés à maturité (autour du 15 octobre), juste avant les gelées. Coupez le pédoncule le plus près possible des tiges. Laissez sécher 1 à 3 jours au soleil les fruits coupés, puis rentrez-les et conservez-les dans un local ventilé (10 à 25 °C).

Potiron jaune gros de Paris

Cucurbita maxima (Duchesne)

POTIRON NOIR DU BRÉSIL

Cucurbita maxima (Duchesne)

Cette courge non coureuse présente des feuilles rondes, de taille moyenne. Elle donne des fruits ronds aplatis, vert foncé, qui se développent serrés, groupés autour du tronc. La chair fine de couleur verte et orange clair est peu épaisse (1 à 2 cm). Chaque plant peut porter 5 à 10 fruits.

8 à 12 cm de diamètre,
sur 5 à 8 cm de hauteur.

100 à 500 g.

Récolté à maturité,
se conserve de 3 à 8 mois.

D'octobre à janvier.

Jeune : cru, comme les concombres ;
à maturité : farci, en décoration…

Culture

Semez en godet (2 graines) à partir de fin avril, à la lumière, en maintenant une température d'au moins 20 °C et un arrosage pas trop abondant. Assurez des arrosages fréquents jusqu'à la plantation en pleine terre, en plein air, à partir du 15 mai, à bonne exposition ; vous pouvez aussi planter plus tôt sous tunnel plastique.
Semez en place de fin avril à fin mai en pleine terre, éventuellement sous mini-tunnel. Au semis ou à la plantation, en pleine terre, mettez une dizaine de poignées de compost dans chaque trou, les poquets étant espacés de 1 m au moins en tous sens. N'oubliez pas de former une cuvette autour de chaque plant de manière à faciliter l'arrosage.
Pendant la période de végétation de 3 à 5 mois, arrosez si nécessaire (1 à 2 litres d'eau par jour).
Vous pouvez effectuer la plantation sur un plastique dont vous recouvrirez le pourtour de terre. N'oubliez pas de perforer le plastique à l'aide d'une fourche pour laisser passer l'eau de pluie. Un arrosage par semaine suffit.

Récolte et conservation

Pour la conservation, les fruits doivent être récoltés à maturité, juste avant les gelées. Coupez le pédoncule le plus près possible des tiges. Laissez sécher les fruits et conservez-les dans un local chaud (de 10 à 25 °C).

Potiron noir du Brésil

Cucurbita maxima (Duchesne)

POTIRON ROUGE VIF D'ÉTAMPES

Cucurbita maxima (Duchesne)

Cette courge française, une des plus connues et des plus cultivées chez nous, est une variété coureuse et vigoureuse ; ses vignes atteignent 5 m et portent de grandes feuilles vert moyen, arrondies en 5 lobes peu marqués. Elle donne des fruits sphériques, très aplatis, voire incurvés à chaque extrémité, côtelés et souvent bosselés, de couleur rouge vif. La peau lisse (mais quelquefois brodée) reste tendre. La chair, épaisse de 3 cm, de couleur jaune orangé, est aqueuse, tendre, fade, de qualité moyenne. Chaque plant peut porter 1 à 4 fruits.

30 à 50 cm de diamètre,
sur 15 à 25 cm de hauteur.

8 à 20 kg.

Récolté à maturité,
se conserve de 2 à 6 mois.

D'octobre à décembre.

En gratin, frit, en purée, potage,
soufflé, tarte, confiture,
ou en décoration.

Culture

Semez en godet (1 ou 2 graines) à partir du 15 avril, à la lumière, en maintenant une température d'au moins 20 °C et un arrosage pas trop abondant pour éviter le pourrissement des graines. Ne gardez qu'un pied par godet. Assurez des arrosages fréquents jusqu'à la plantation en pleine terre.

Mettez en place lorsque les gelées ne sont plus à craindre, généralement vers la fin mai, en choisissant une exposition suffisamment ensoleillée. La plantation s'effectue dans des poquets espacés de 2 m en tous sens, préparés à l'avance avec un seau de compost ou de fumier bien décomposé.
De fin avril à mi-mai, en pleine terre, semez en place 2 ou 3 graines dans des poquets espacés de 2 à 2,50 m en tous sens. Par la suite, ne gardez que le plus beau pied et arrosez régulièrement pendant toute la période de végétation de 3 à 5 mois.

Récolte et conservation

Les fruits doivent être récoltés à maturité (autour du 15 octobre). Coupez le pédoncule le plus près possible des tiges. Laissez sécher 1 à 3 jours au soleil les fruits coupés, puis rentrez-les et conservez-les dans un local ventilé (10 à 25 °C). Évitez de meurtrir les fruits en les cognant car cela risque de les faire pourrir plus rapidement.

Potiron rouge vif d'Étampes

Cucurbita maxima (Duchesne)

RED KURI

Cucurbita maxima (Duchesne)

Originaire d'Amérique du Sud, cette courge japonaise est coureuse ; les tiges rampantes s'allongent sur plus de 3 m ; les feuilles arrondies sont vert foncé. Les fruits assez petits, en forme de figue ou de toupie, légèrement côtelés, d'un rouge vif assez foncé, présentent un ombilic plus ou moins protubérant. La peau est fine, un peu rugueuse et tendre. La chair jaune orangé, épaisse de 3 cm, ferme, sucrée, avec un goût de châtaigne, est très nutritive. Chaque plant peut porter 3 à 7 fruits. Autre nom : courge d'Hokkaïdo.

12 à 22 cm de diamètre.

1,5 à 3 kg.

Récoltée à maturité,
se conserve de 3 à 7 mois.

D'octobre à janvier.

Crue : râpée, en vinaigrette. Cuite : en gratin, pain, purée, potage, soufflé, tarte, confiture…

Culture

Vers le 15 avril, semez 2 ou 3 graines dans des godets remplis d'un mélange de terre de jardin et de terreau. Maintenez à la lumière du jour et à une température avoisinant 20 °C. Arrosez suffisamment, mais sans excès pour éviter le pourrissement des graines. Ne conservez qu'un plant par godet, le plus vigoureux. Continuez les arrosages jusqu'à la plantation.

Mettez en place vers la fin mai, à bonne exposition.

Le semis en pleine terre ou la plantation s'effectuent dans des poquets espacés de 2 m en tous sens et préparés avec 2 bonnes « fourchées » de compost. Tassez et recouvrez avec la terre retirée, puis couvrez les graines de 1 à 2 cm de terreau ou tassez le plant pour favoriser la reprise.

Pour gagner 3 semaines à 1 mois et économiser l'eau, vous pouvez effectuer la plantation, à partir du 15 mai, sur un plastique dont vous recouvrirez le pourtour de terre et dans lequel vous pratiquerez un trou pour le repiquage de chaque plant. N'oubliez pas de perforer le plastique à l'aide d'une fourche pour laisser passer l'eau de pluie.

Récolte et conservation

Les fruits doivent être récoltés à maturité. Coupez le pédoncule le plus près possible des tiges. Laissez sécher au moins une journée au soleil les fruits coupés, puis conservez-les dans un local ventilé (10 à 25 °C).

Red kuri

Cucurbita maxima (Duchesne)

REINE DE LA TABLE

Cucurbita pepo (Linné)

Cette variété américaine du type « acorn » est semi-coureuse à coureuse ; les nombreuses tiges rampantes, assez fines, s'allongent sur 2 à 2,50 m. Les feuilles sont petites et découpées. Les fruits oblongs, terminés en cône côté ombilic, côtelés, sont d'abord vert bouteille, mouchetés de fines taches blanchâtres, puis orangés en vieillissant. L'écorce est très dure, ce qui rend l'épluchage difficile. La chair orange est sèche, ferme, très parfumée, avec un goût de noix. C'est la variété la plus ancienne de ce groupe. Chaque plant produit 4 à 8 fruits. Autres noms : table queen, danish, pepper squash.

10 à 12 cm de diamètre,
sur 10 à 15 cm de longueur.

500 à 800 g.

Récoltée à maturité,
se conserve de 4 à 8 mois.

De juillet à janvier.

Jeune : farcie ou sautée.
À maturité : en gratin, pain, purée, potage, soufflé, tarte, confiture, flan, sorbet…

Culture

Vers le 15 avril, semez 2 ou 3 graines dans des godets remplis aux 3/4 d'un mélange de terre de jardin et de terreau. Recouvrez les graines de 1 cm du même mélange, maintenez à la lumière du jour et à une température de 20 °C. Arrosez suffisamment, mais sans excès. La levée demande 5 à 10 jours. Ne conservez qu'un plant par godet. Mettez en place lorsque les gelées ne sont plus à craindre, vers la fin mai, à bonne exposition.

Le semis en pleine terre ou la plantation s'effectuent dans des poquets espacés de 2 m en tous sens et préparés quelque 8 à 15 jours auparavant avec 2 bonnes « fourchées » de compost. Tassez et recouvrez avec la terre retirée, puis couvrez les graines de 1 à 2 cm de terreau. Pour accélérer le développement de la plante et économiser l'eau, vous pouvez effectuer la plantation sur un plastique. Arrosez une fois par semaine pendant toute la durée de végétation.

Récolte et conservation

Les fruits récoltés jeunes se consomment rapidement comme des courgettes. Vous pouvez aussi les récolter à maturité. Coupez le pédoncule près de la tige. Laissez sécher les fruits une journée au soleil, puis conservez-les dans un local ventilé entre 10 et 25 °C.

Reine de la table

Cucurbita pepo (Linné)

ROLLET

Cucurbita pepo (Linné)

Cette courge sud-africaine, coureuse, produit de nombreuses tiges rampantes qui peuvent s'allonger jusqu'à 2,50 m et possède des feuilles de petite taille. Elle donne de nombreux petits fruits sphériques dont l'écorce dure, vert foncé, ne devient légèrement orangée qu'après décembre. Le pédoncule fin est de couleur verte. La chair peu épaisse est fibreuse, jaune clair ; son goût délicat rappelle un peu celui de la variété pomme d'or. Chaque plant peut donner 5 à 15 fruits.

7 à 10 cm de diamètre.

100 à 500 g.

Récoltée à maturité,
se conserve de 2 à 5 mois.

De septembre à décembre.

Farcie et servie chaude ou froide.
En décoration.

Culture

À la mi-avril, semez 2 ou 3 graines en godet, au chaud et à la lumière, en maintenant un arrosage suffisant mais pas trop abondant. Une semaine après la levée, ne gardez que le plus beau pied. Après le 15 mai, mettez en place avec une pelletée de compost en espaçant les plants de 1 à 2 m. Si vous avez utilisé des godets de tourbe, détrempez-les avant de les mettre en terre.

De fin avril à mi-mai, en pleine terre, semez en place 2 ou 3 graines dans des poquets espacés de 1,50 à 2 m en tous sens. Arrosez régulièrement pendant toute la période de végétation. Les fruits étant petits, vous pouvez faire grimper la plante sur un support.

Une couverture du sol à base de paillettes de lin, de paille, de compost frais ou de tontes de gazon, sur 5 à 7 cm d'épaisseur, évitera la prolifération des herbes et maintiendra la fraîcheur. Cette opération se fait lorsque les jeunes plants sont suffisamment développés.

Récolte et conservation

Pour la consommation, on récolte les fruits au fur et à mesure des besoins, lorsque la peau devient dure. Les fruits se récoltent aussi lorsqu'ils sont mûrs, au mois d'octobre, par temps sec. Coupez le pédoncule le plus long possible. Stockez dans un endroit sec et ventilé.

Rollet

Cucurbita pepo (Linné)

RONDE DE NICE

Cucurbita pepo (Linné)

Cette variété française très hâtive et non coureuse, à tiges courtes et feuilles découpées et dentées, longuement pétiolées et rudes au toucher, pousse en touffe. Les fruits sphériques présentent des côtes saillantes du pédoncule jusqu'au centre. D'abord verts, mouchetés de fines taches vert pastel clair, ils deviennent jaunes à maturité. La chair est tendre, fondante et de fine saveur pour les jeunes fruits, mais un peu fibreuse à maturité. Chaque plant donne de nombreux fruits qui se récoltent à mi-développement.

10 à 12 cm de diamètre.

600 g à 1,5 kg.

Récoltée à maturité,
se conserve de 2 à 3 mois.

De juillet à novembre.

Jeune, se cuisine à la façon des courgettes, sautée, farcie, en gratin, ratatouille, avec du riz, dans les légumes pour le couscous…

Culture

Vers le 15 avril, semez 2 ou 3 graines dans des godets remplis aux 3/4 d'un mélange de terre de jardin et de terreau. Maintenez à la lumière du jour et à une température avoisinant 20 °C. Arrosez suffisamment, mais sans excès pour éviter le pourrissement des graines. Ne conservez qu'un plant par godet, le plus vigoureux (ne pincez surtout pas à 2 feuilles).
Mettez en place lorsque les gelées ne sont plus à craindre, après le 15 mai, à bonne exposition.
Le semis en pleine terre ou la plantation s'effectuent dans des poquets espacés de 1 m en tous sens et préparés quelque 8 à 15 jours auparavant avec 2 bonnes « fourchées » de compost. Tassez et recouvrez avec la terre retirée, puis couvrez les graines de 1 à 2 cm de terreau ou tassez le plant pour favoriser la reprise.
Arrosez régulièrement (1 à 2 litres d'eau par jour).

Récolte et conservation

Les fruits récoltés très petits (lorsque la fleur est encore attachée à l'ombilic) sont consommés immédiatement. À mi-développement, ils doivent être consommés dans un délai maximum de 2 jours. Ils ont alors un diamètre de 7 à 10 cm.
À maturité et après stockage, ils sont de médiocre qualité.

Ronde de Nice

Cucurbita pepo (Linné)

SAKIZ

Cucurbita pepo (Linné)

Cette courge turque très peu coureuse produit des tiges rampantes ne dépassant pas 1 à 1,50 m. Les feuilles vert moyen, à pétiole assez long, sont découpées en 5 lobes. Les fruits cylindriques sont longitudinalement parcourus de légères côtes saillantes. La peau est lisse, dure à maturité, blanche à jaune pâle. La chair blanche à jaune paille, de 3 cm d'épaisseur, est de bonne qualité. Chaque plant peut donner de nombreux fruits s'ils sont cueillis jeunes (15 cm), ou 2 à 3 fruits.

12 à 15 cm de diamètre,
sur 30 à 60 cm de longueur.

8 à 10 kg.

Récoltée à maturité,
se conserve de 4 à 6 mois.

D'octobre à janvier.

En gratin, ratatouille, potage, farcie, sautée, en flan...

Culture

Semez en godet (2 graines) au cours de la dernière semaine d'avril, à la lumière, en maintenant une température d'au moins 20 °C et un arrosage pas trop abondant. Assurez des arrosages fréquents jusqu'à la plantation en pleine terre, en plein air à partir du 15 mai, à bonne exposition.
Semez en place de fin avril à fin mai, en pleine terre. Au semis ou à la plantation, en pleine terre, mettez 2 à 4 poignées de compost dans chaque trou, les poquets étant espacés de 1 à 1,50 m en tous sens. N'oubliez pas de former une cuvette autour de chaque plant pour faciliter l'arrosage, et évitez de mouiller les feuilles.
Pendant la période de végétation de 3 à 5 mois, arrosez si nécessaire (1 à 2 litres d'eau par jour).
Il n'est pas recommandé de pincer cette variété.

Récolte et conservation

Les fruits récoltés jeunes, lorsqu'ils mesurent environ 15 cm de longueur (jusqu'à 25 cm), doivent être consommés immédiatement. La plante forme alors de nouveaux fruits. Pour la conservation, récoltez les fruits à maturité, lorsque l'ongle a du mal à couper la peau, et conservez-les dans un local chaud et ventilé.

Sakiz

Cucurbita pepo (Linné)

SHAWNEE

Cucurbita pepo (Linné)

Cette courge, originaire du Mexique et du sud-est des États-Unis, est plus buissonnante que coureuse. Ses tiges rampantes sont fines et assez courtes (1,50 à 2 m tout au plus), les feuilles sont de petite taille, découpées en 3 lobes peu marqués. Les fruits orange, jaunes, verts, blancs ou bien vert clair mouchetés et rayés de vert foncé, ont la forme de grosses gouttes. Le pédoncule vert est assez fin. La chair verte à jaune orangé est peu épaisse et de qualité médiocre. Chaque plant produit de 4 à 8 fruits.

8 à 12 cm de diamètre,
sur 12 à 15 cm de hauteur.

400 à 800 g.

Récoltée à maturité,
se conserve de 4 à 9 mois.

D'octobre à janvier.

Essentiellement en décoration.
Parfois consommée en purée, potage, soufflé, tarte, confiture…

Culture

Semez en godet (2 graines) pendant la dernière semaine d'avril, à la lumière, en maintenant une température d'au moins 20 °C et un arrosage pas trop abondant pour éviter le pourrissement des graines. Assurez des arrosages fréquents jusqu'à la plantation en pleine terre, en plein air à partir du 15 mai, à bonne exposition. Après le 15 mai, lorsque les gelées ne sont plus à craindre mettez en place avec une pelletée de compost, en espaçant les plants de 1 à 2 m.
De fin avril à mi-mai, en pleine terre, semez en place 2 ou 3 graines dans des poquets espacés de 1 à 2 m en tous sens. Arrosez régulièrement pendant toute la période de végétation de 3 à 5 mois. Les fruits étant petits, vous pouvez faire grimper la plante sur une grille.

Récolte et conservation

Les fruits se récoltent à complète maturité (juste avant les premières gelées), par temps sec. Coupez le pédoncule le plus près possible des tiges, puis conservez les fruits dans un local ventilé et chaud (de 10 à 20 °C).

Shawnee

Cucurbita pepo (Linné)

SHOW KING

Cucurbita maxima (Duchesne)

Cette variété américaine coureuse et très vigoureuse fait partie des plus grosses courges du monde. Ses tiges rampantes très grosses et longues (plus de 5 m) sont rugueuses ; les feuilles arrondies sont de très grande taille. Elle donne des fruits verts, sphériques et aplatis, parfois légèrement oblongs (ils s'affaissent souvent sous leur propre poids et sont plats côté sol), avec de larges côtes longitudinales, arrondies. La chair très épaisse, couleur jaune paille, est de qualité moyenne. Chaque plant peut porter 2 à 3 fruits, mais on n'en garde qu'un seul afin qu'il arrive à complet développement. Cette variété est assez difficile à cultiver. Elle demande de la chaleur et elle est assez tardive ; de plus, la germination des graines est difficile à obtenir.

30 à 80 cm de diamètre.

20 à 80 kg (couramment).

Récoltée à maturité,
se conserve de 2 à 4 mois.

D'octobre à décembre.

En potage, flan, confiture…

Culture

Vers la mi-avril, semez 1 graine par grand pot. Maintenez une température d'au moins 20 °C. Arrosez pour garder l'humidité. La levée demande 1 à 2 semaines. Assurez des arrosages fréquents jusqu'à la plantation en pleine terre, vers la fin mai, à une exposition bien ensoleillée.
Il est possible de semer directement en place, vers la fin avril, 1 à 2 graines dans des poquets espacés de 2,50 m en tous sens et préparés quelques jours auparavant avec un bon seau de compost. Un arrosage quotidien avec 5 litres d'eau est nécessaire. Pour obtenir un gros fruit, il faut tailler la plante et n'en garder qu'un seul.
Vous pouvez utiliser des engrais chimiques et arroser abondamment pour obtenir de très gros fruits.

Récolte et conservation

Les fruits se récoltent lorsqu'ils sont mûrs (vers le 15 octobre), par temps sec. Coupez le pédoncule le plus près possible des tiges, puis rentrez les fruits dans un local suffisamment ventilé et chaud (jusqu'à 20 °C).

Show king

Cucurbita maxima (Duchesne)

SILVER EDGED

Cucurbita mixta (Pangalo) ou *argyrosperma* hort.

Originaire du Mexique, cette courge très coureuse produit des tiges rampantes qui s'allongent sur plus de 4 à 7 m et des feuilles de taille moyenne, vert franc, tachetées de blanc. Elle donne des fruits sphériques, légèrement aplatis aux deux extrémités. La peau blanche, dure à maturité, est rayée longitudinalement d'une dizaine de fines marbrures vert foncé, parfois en partie orangées. Le pédoncule vert foncé est côtelé, long et assez fin. La chair peu épaisse, jaune pâle, est un peu filandreuse et peu parfumée. Cette variété doit son nom à ses grandes graines plates, bordées d'une frange argentée. Chaque plant peut porter 4 à 10 fruits.

12 à 20 cm de diamètre.

800g à 2,5 kg.

Récoltée à maturité,
se conserve de 4 à 12 mois.

D'octobre à février.

Comme les courgettes,
ou en décoration.

Culture

À la fin avril, pour gagner un peu de temps et éviter le pourrissement de la graine, vous pouvez faire démarrer la germination sur un coton humide dans une boîte en plastique transparente, en maintenant une température supérieure à 20 °C. Dès l'apparition du germe, mettez 1 graine par godet et assurez un arrosage peu abondant pour terminer la levée. Maintenez des arrosages fréquents jusqu'à la plantation en pleine terre, en plein air à partir du 15 mai, à bonne exposition.

Le semis en pleine terre ou la plantation s'effectuent dans des poquets espacés de 2 m en tous sens et préparés avec 2 bonnes « fourchées » de compost. Tassez et recouvrez avec la terre retirée, puis couvrez les graines de 1 à 2 cm de terreau ou tassez le plant pour favoriser la reprise. Arrosez fréquemment (2 à 3 litres d'eau par jour environ).

Récolte et conservation

Les fruits doivent être récoltés lorsqu'ils sont à maturité (le plus tard possible). Coupez le pédoncule au plus près des tiges, puis rentrez les fruits et conservez-les dans un local chaud et ventilé (de 10 à 25 °C).

Silver edged

Cucurbita mixta (Pangalo)
ou *argyrosperma* hort.

SMALL SUGAR

Cucurbita pepo (Linné)

Cette variété américaine coureuse, très connue et très cultivée, produit de nombreuses vignes qui atteignent environ 3 m. Les feuilles, de taille moyenne, sont peu découpées. Les fruits orange, sphériques et légèrement aplatis aux deux extrémités, présentent une peau lisse, faiblement côtelée. Le pédoncule est long et solide. La chair, moyennement épaisse, de couleur jaune orangé, est ferme, à grain fin, délicieusement sucrée. Chaque plant peut porter de 6 à 12 fruits. Autres noms : New England pie, Boston pie, sugar pie, early sugar pie, potiron de Tourinnes…

20 à 25 cm de diamètre, sur 18 cm de hauteur.

2 à 4 kg.

Récoltée à maturité, se conserve de 3 à 7 mois.

D'octobre à février.

En gratin, purée, potage, flan, tarte, confiture…

Culture

Vers la mi-avril, semez 2 ou 3 graines dans des godets remplis d'un mélange de terre de jardin, de terreau et de sable. Gardez à la lumière du jour et à une température d'au moins 20 °C. Arrosez pour maintenir l'humidité, mais sans excès afin d'éviter que les graines ne pourrissent. Assurez des arrosages fréquents mais modérés jusqu'à la plantation.

Mettez en place lorsque les gelées ne sont plus à craindre, généralement vers la fin mai, en choisissant une exposition ensoleillée.

Semez en place, de fin avril à mi-mai, en pleine terre, sous minitunnel (plastique à bulles) 2 ou 3 graines dans des poquets espacés d'au moins 2 m en tous sens. Ne gardez que le pied le plus vigoureux. Assurez un arrosage fréquent et régulier pendant toute la période de développement de 3 à 5 mois. Dès qu'il n'y a plus de risque de gelées, vous pouvez enlever le plastique à bulles.

Récolte et conservation

Les fruits se récoltent lorsqu'ils sont mûrs. La récolte se fait par temps sec. Coupez le pédoncule au ras des tiges, laissez les fruits coupés au moins une journée au soleil, puis rentrez-les et conservez-les dans un local ventilé et chaud (jusqu'à 25 °C).

Small sugar

Cucurbita pepo (Linné)

SPAGHETTI VÉGÉTAL

Cucurbita pepo (Linné)

Courge coureuse originaire du Mexique et d'Amérique centrale, cette variété japonaise est aussi appelée « courge spaghetti ». Ses fruits ovoïdes à oblongs sont de couleur blanchâtre à jaunâtre à maturité. La chair peu épaisse, jaune clair, donne après cuisson des filaments fermes mais peu parfumés. Chaque plant produit en général 2 à 5 fruits.

12 à 17 cm de diamètre,
sur 20 28 cm de longueur.

2 à 4 kg.

Récolté à maturité,
se conserve de 4 à 10 mois.

D'octobre à janvier.

Les filaments de chair se préparent à la sauce tomate, en gratin, à la crème, au jus, en salade, en confiture…

Culture

Vers la mi-avril, semez 2 ou 3 graines dans des godets remplis aux 3/4 d'un mélange de terre de jardin et de terreau. Gardez à la lumière du jour et à une température de 20 °C. Arrosez pour maintenir l'humidité, mais sans excès. Ne conservez que le plant le plus vigoureux dans chaque godet. Assurez des arrosages fréquents mais modérés jusqu'à la plantation.

Mettez en place vers la fin mai, à une exposition ensoleillée.
Il est possible de semer directement en place, vers la mi-mai, les poquets étant espacés de 2 m en tous sens et préparés quelques jours auparavant avec 2 bonnes « fourchées » de compost recouvertes de terre. En période de sécheresse, 1 à 2 litres d'eau sont nécessaires tous les soirs.

Récolte et conservation

Les fruits se récoltent à complète maturité, lorsque l'épiderme devient jaunâtre, et avant les gelées. Coupez le pédoncule au ras de la tige. Laissez sécher les fruits au soleil pendant une journée, puis conservez-les dans un local ventilé entre 10 et 20 °C au moins. Pour prélever les filaments de chair, faites d'abord cuire la courge entière à l'eau bouillante salée pendant 20 à 30 minutes et laissez égoutter. Ouvrez-la en deux dans le sens de la longueur, enlevez les graines et grattez les filaments avec une fourchette.

Spaghetti végétal

Cucurbita pepo (Linné)

STRIPED COCHITI PUEBLO

Cucurbita mixta (Pangalo) ou *argyrosperma* hort.

Originaire du Mexique (où elle était cultivée par les Indiens Cochiti), cette courge coureuse présente des feuilles de taille moyenne, découpées en 5 lobes et tachetées de blanc. Elle donne des fruits en forme de grosses poires, blancs rayés de vert. La chair de 3 à 4 cm d'épaisseur, moyennement ferme, jaune rosé, a un goût assez fade. Chaque plant peut porter 2 à 4 fruits.

20 à 30 cm de diamètre,
sur 25 à 55 cm de longueur.

8 à 18 kg.

Récoltée à maturité,
se conserve de 4 à 8 mois.

D'octobre à janvier.

Crue : râpée ou coupée en dés, blanchie à l'eau bouillante et assaisonnée d'une vinaigrette.
Cuite : frite, sautée à la poêle, en ratatouille, en gratin, purée...

Culture

Semez en godet (1 à 3 graines) à partir de fin avril, à la lumière, en maintenant une température d'au moins 20 °C et un arrosage pas trop abondant pour éviter le pourrissement des graines. Assurez des arrosages fréquents jusqu'à la plantation en pleine terre, en plein air à partir du 15 mai, à bonne exposition. La durée de végétation de cette variété de courge est relativement longue (120 jours).
Au semis ou à la plantation, en pleine terre, mettez 1 à 2 pelletée de compost dans chaque trou, les poquets étant espacés de 2 m au moins en tous sens. Faites une cuvette autour de chaque plant pour faciliter l'arrosage.
Pour accélérer le développement de la plante, qui demande de la chaleur, vous pouvez effectuer la plantation sur un plastique dont vous recouvrirez le pourtour de terre et dans lequel vous pratiquerez un trou pour le passage de chaque plant (n'oubliez pas de perforer le plastique à l'aide d'une fourche pour laisser passer l'eau de pluie). Arrosez fréquemment (2 à 3 litres d'eau le soir tous les 2 ou 3 jours). Ne gardez pas plus de 4 fruits par pied.

Récolte et conservation

Les fruits doivent être récoltés à maturité, vers le 15 octobre. Coupez le pédoncule le plus près possible des tiges, rentrez les fruits et conservez-les dans un local chaud et suffisamment ventilé.

Striped cochiti pueblo

Cucurbita mixta (Pangalo)
ou *argyrosperma* hort.

STRIPETTI (F1)

Cucurbita pepo (Linné)

Cette courge hybride (F1) est une variété américaine obtenue par croisement entre une delicata et un spaghetti végétal. C'est une courge coureuse à végétation assez rapide ; les nombreuses tiges rampantes s'allongent sur plus de 3 m. Les fruits ovoïdes à oblongs sont de couleur ivoire à blanc verdâtre, rayés de vert dans le sens de la longueur, puis d'orangé à maturité. La chair, épaisse de 3 cm, jaune foncé, donne après cuisson des filaments fermes et de très bon goût. Cette variété est assez productive, chaque plant portant en général 4 à 8 fruits.

10 à 15 cm de diamètre, sur 15 à 25 cm de longueur.

1,5 à 3 kg.

Récoltée à maturité, se conserve de 3 à 8 mois.

D'octobre à janvier.

Même préparation que le spaghetti végétal : en gratin, à la crème, en salade, à la sauce tomate, en confiture…

Culture

Vers la mi-avril, semez 2 ou 3 graines dans des godets remplis aux 3/4 d'un mélange de terre de jardin et de terreau. Recouvrez les graines de 1 cm du même mélange. Gardez à la lumière du jour et à une température de 20 °C. Arrosez pour maintenir l'humidité, mais sans excès afin d'éviter le pourrissement des graines. Ne conservez que le plant le plus vigoureux dans chaque godet. Assurez des arrosages fréquents mais modérés jusqu'à la plantation.
Mettez en place, généralement vers la fin mai, à une exposition ensoleillée.
Il est possible de semer directement en place, en pleine terre, vers le 10 mai, les poquets étant espacés de 2 m en tous sens et préparés avec 2 bonnes « fourchées » de compost recouvertes de terre. En période de sécheresse, il est nécessaire d'arroser tous les soirs (environ 1 à 2 litres d'eau).

Récolte et conservation

Les fruits se récoltent à complète maturité, lorsque l'épiderme devient dur. Coupez le pédoncule au ras de la tige. Laissez sécher les fruits au soleil pendant une journée, puis conservez-les dans un local ventilé entre 10 et 20 °C au moins.

Stripetti (F1)

Cucurbita pepo (Linné)

STYRIAN HULLESS

Cucurbita pepo (Linné)

Cette courge coureuse produit des fruits vert clair rayés de marbrures vert foncé, avec une peau granuleuse. Dix bourrelets vert clair partent du pédoncule et s'estompent au bout d'une douzaine de centimètres. Le pédoncule trapu, long de 8 cm, est vert foncé. La chair, épaisse de 2 à 3 cm, de couleur orange clair, est de médiocre qualité. Les graines, vert olive à vert foncé, sont nombreuses (100 à 300 g de graines fraîches par fruit) et nues, c'est-à-dire sans tégument (peau). Chaque plant peut porter 2 à 6 fruits.

20 à 25 cm de diamètre, sur 30 à 35 cm de hauteur.

6 à 12 kg.

Récoltée à maturité, se conserve de 4 à 9 mois.

D'octobre à novembre.

En purée, potage, mais on consomme surtout les graines, crues ou grillées.

Culture

À la fin avril, pour éviter le pourrissement de la graine, vous pouvez faire démarrer la germination sur un coton humide dans une boîte en plastique transparente, en maintenant une température supérieure à 20 °C. Dès l'apparition du germe, mettez 1 graine par godet et assurez un arrosage peu abondant pour terminer la levée. Maintenez des arrosages fréquents jusqu'à la plantation en pleine terre. Mettez en place vers la fin mai, à une exposition ensoleillée.

Il est possible de semer directement en place, vers le 10 mai, les poquets étant espacés de 2 m en tous sens et préparés avec 2 bonnes « fourchées » de compost recouvertes de terre. En période de sécheresse, 1 à 2 litres d'eau sont nécessaires tous les soirs.

Récolte et conservation

Les fruits se récoltent mûrs, quand les feuilles sont en partie sèches. La récolte se fait par temps sec. Coupez le pédoncule le plus près possible des tiges, puis rentrez les fruits et conservez-les dans un local ventilé. Attendez début novembre pour extraire les graines (elles achèvent leur maturation dans le fruit) puis faites-les sécher et conservez-les dans des bocaux hermétiques, à l'abri de la lumière.

Styrian hulless

Cucurbita pepo (Linné)

SUCRIÈRE DU BRÉSIL

Cucurbita pepo (Linné)

Originaire du Mexique et du sud-est des États-Unis, cette variété très coureuse produit des tiges rampantes assez fines et des feuilles rudes au toucher, de taille moyenne, lobées, dentées, gaufrées, d'un vert foncé uni. Les fruits cylindriques, renflés au milieu, assez courts et recouverts de quelques verrues, sont d'abord verdâtres, puis peu à peu jaunes et rose saumon mat. La chair jaune paille est épaisse et sucrée. C'est une courge hâtive. Chaque plant donne 3 à 6 fruits.

10 à 14 cm de diamètre, sur 20 à 30 cm de longueur.

2 à 4 kg.

Récoltée à maturité, se conserve de 2 à 6 mois.

D'octobre à décembre.

En gratin, purée, potage, confiture…

Culture

Vers le 15 avril, semez 2 ou 3 graines dans des godets remplis d'un mélange de terre de jardin et de terreau. Maintenez à la lumière du jour et à une température avoisinant 20 °C. Arrosez suffisamment, mais sans excès pour éviter le pourrissement des graines. Ne conservez qu'un plant par godet, le plus vigoureux. Mettez en place vers la fin mai, à bonne exposition.

Le semis en pleine terre ou la plantation s'effectuent dans des poquets espacés de 2 m en tous sens et préparés quelque 8 à 15 jours auparavant avec 2 bonnes « fourchées » de compost. Tassez et recouvrez avec la terre retirée, puis couvrez les graines de 1 à 2 cm de terreau ou tassez le plant pour favoriser la reprise. Arrosez régulièrement pendant toute la période de développement (1 à 3 litres d'eau par jour).

Récolte et conservation

Pour la conservation, récoltez les fruits à maturité. Coupez le pédoncule près de la tige. Laissez sécher les fruits une journée au soleil, puis rentrez-les et conservez-les dans un local ventilé entre 10 et 25 °C.

Sucrière du Brésil

Cucurbita pepo (Linné)

SUCRINE DU BERRY

Cucurbita moschata (Duchesne)

Cette variété française coureuse présente des feuilles entières, velues, d'un vert foncé tacheté de blanc, et des tiges rampantes qui s'allongent sur 3 m environ. Elle semble un peu plus précoce et mieux adaptée aux climats plus humides et plus frais. Elle donne des fruits piriformes. La peau est lisse, de couleur vert foncé s'éclaircissant pour passer du jaune paille à l'ocre à maturité. La chair, de couleur orange clair, est tendre, sucrée, un peu aqueuse mais de bonne qualité. Chaque plant peut porter 5 à 8 fruits. Autre nom : sucrette du Berry.

12 à 15 cm de diamètre dans la partie renflée, sur 15 à 25 cm de longueur.

1 à 3 kg.

Récoltée à maturité, se conserve de 3 à 6 mois.

D'octobre à janvier.

En gratin, purée, potage, soufflé, tourte, tarte, flan, confiture…

Culture

Semez en godet (1 à 3 graines) à partir de fin avril, à la lumière, en maintenant une température d'au moins 20 °C et un arrosage suffisant, mais pas trop abondant pour éviter le pourrissement des graines. Ne gardez que le pied le plus vigoureux dans chaque godet.
Maintenez des arrosages fréquents jusqu'à la plantation en pleine terre, en plein air début juin, à une exposition bien ensoleillée.
Semez en place de fin avril à fin mai en pleine terre. Au semis ou à la plantation, en pleine terre, au soleil, mettez 1 ou 2 pelletées de compost dans chaque trou, les poquets étant espacés de 2 m en tous sens. N'oubliez pas de former une cuvette autour de chaque plant pour faciliter l'arrosage (évitez de mouiller les feuilles). Arrosez tous les soirs.

Récolte et conservation

Les fruits doivent être récoltés à maturité (autour du 15 octobre). Coupez le pédoncule le plus près possible des tiges. Laissez sécher les fruits coupés une journée au soleil, puis rentrez-les et conservez-les dans un local ventilé, même chaud (de 10 à 25 °C).

Sucrine du Berry

Cucurbita moschata (Duchesne)

SWAN WHITE ACORN

Cucurbita pepo (Linné)

Cette courge américaine de type « acorn » (en forme de gland) est semi-buissonnante. Les tiges nombreuses et assez fines s'allongent sur moins de 2 m, les feuilles moyennes sont peu découpées, de couleur vert foncé. Les fruits tronconiques sont côtelés, d'abord blanc crème puis jaunes en vieillissant. Le pédoncule vert est fin et assez long. La chair, de couleur jaune pâle, très tendre, a une délicieuse saveur sucrée évoquant la noisette fraîche. Chaque plant donne en général 4 à 6 fruits très riches en calcium à maturité.

12 à 15 cm de diamètre,
sur 12 à 15 cm de longueur.

500 g à 1 kg.

Récoltée à maturité,
se conserve de 4 à 8 mois.

D'octobre à février.

Crue : râpée, en vinaigrette. Cuite : farcie, frite, sautée, en gratin, purée, potage, soufflé, tarte, confiture…

Culture

Vers le 15 avril, semez 2 ou 3 graines dans des godets remplis d'un mélange de terre de jardin et de terreau, maintenez à la lumière du jour et à une température avoisinant 20 °C. Arrosez suffisamment, mais sans excès pour éviter le pourrissement des graines. Mettez en place, vers la fin mai, à bonne exposition. Le semis en pleine terre ou la plantation s'effectuent dans des poquets espacés de 1,50 m en tous sens et préparés quelque 8 à 15 jours auparavant avec 2 bonnes « fourchées » de compost. Tassez et recouvrez avec la terre retirée, puis couvrez les graines de 1 à 2 cm de terreau ou tassez le plant pour favoriser la reprise. Vous pouvez isoler les fruits du sol par une planchette ou une tuile plate. En période de sécheresse, arrosez tous les soirs (1 à 3 litres d'eau).

Récolte et conservation

Les fruits récoltés à mi-développement (7 cm de diamètre) se consomment rapidement. Vous pouvez aussi les récolter à maturité (autour du 15 octobre). Coupez le pédoncule près de la tige. Laissez sécher les fruits une journée au soleil, puis rentrez-les et conservez-les dans un local ventilé, entre 10 et 25 °C.

Swan white acorn

Cucurbita pepo (Linné)

SWEET DUMPLING

Cucurbita pepo (Linné)

***O**riginaire du Mexique et du sud-est des États-Unis (Texas, Louisiane, Mississippi, Alabama et Floride), cette courge coureuse donne des fruits de couleur ivoire présentant 10 striures vertes qui deviennent orangées en vieillissant. Ceux-ci sont concaves côté pédoncule, avec des côtes arrondies très marquées. Par leur allure générale, ils ressemblent à des tasses. La chair, plus épaisse côté pédoncule, est orangée, très fine, ferme et sucrée ; son goût très prononcé rappelle à la fois la châtaigne et la noisette ; c'est une des meilleures courges. Chaque plant donne en général jusqu'à une dizaine de fruits. Autres noms : gourde comestible, pâte d'amande, patidou, edible pumpkin.*

8 à 14 cm de diamètre,
sur 6 à 10 cm de hauteur.

200 à 800 g.

Récoltée à maturité,
se conserve de 2 à 7 mois.

D'octobre à février.

Crue : râpée, avec une vinaigrette.
Cuite : en pain, purée, potage, sorbet, bavarois, tarte, confiture…

Culture

Vers le 15 avril, semez 2 ou 3 graines dans des godets remplis d'un mélange de terre de jardin et de terreau. Maintenez à la lumière du jour et à une température avoisinant 20 °C. Arrosez suffisamment, mais sans excès pour éviter le pourrissement des graines. Continuez les arrosages jusqu'à la plantation. Mettez en place vers la fin mai, à bonne exposition.

Semez en place à partir de la deuxième semaine de mai.

Le semis en pleine terre ou la plantation s'effectuent dans des poquets espacés de 2 m en tous sens et préparés avec 2 bonnes « fourchées » de compost. Tassez et recouvrez avec la terre retirée, puis couvrez les graines de 1 à 2 cm de terreau ou tassez le plant pour favoriser la reprise.

Récolte et conservation

Récoltez les fruits à maturité, lorsqu'ils prennent leur couleur ivoire ; l'ongle a alors du mal à rentrer dans l'épiderme. Coupez le pédoncule près de la tige. Laissez sécher les fruits une journée au soleil, puis rentrez-les et conservez-les dans un local ventilé, entre 10 et 25 °C.

Sweet dumpling

Cucurbita pepo (Linné)

SWEET MAMA (F1)

Cucurbita maxima (Duchesne)

Il s'agit d'une courge américaine hybride, coureuse ; les tiges sont assez courtes : 2 m tout au plus ; les feuilles vert foncé sont arrondies. Les fruits sphériques, aplatis aux deux extrémités, présentent une peau presque lisse, de couleur gris-vert foncé, rayée d'une dizaine d'étroites bandes vert clair sur la moitié côté pédoncule. L'ombilic protubérant est entouré d'une petite couronne liégeuse. La chair moyennement épaisse est mi-sèche, de couleur jaune foncé, douce et de bonne qualité. Chaque plant peut porter 2 à 4 fruits. C'est une variété assez hâtive (75 jours), qui résiste bien à la fusariose.

12 à 15 cm de diamètre sur 9 à 12 cm de hauteur.

1 à 2 kg.

Récoltée à maturité, se conserve de 4 à 8 mois.

D'octobre à janvier.

En gratin, pain, purée, potage, soufflé, flan, tarte, confiture…

Culture

À partir du 15 avril, semez 2 ou 3 graines dans des godets remplis d'un mélange de terre de jardin et de terreau. Maintenez à la lumière du jour et à une température avoisinant 20 °C. Arrosez suffisamment, mais sans excès pour éviter le pourrissement des graines. Ne conservez qu'un plant par godet, le plus vigoureux. Continuez les arrosages jusqu'à la plantation.
Mettez en place, vers la fin mai, à bonne exposition.
Le semis en pleine terre ou la plantation s'effectuent dans des poquets espacés de 1,50 m en tous sens et préparés avec 2 bonnes « fourchées » de compost. Tassez et recouvrez avec la terre retirée, puis couvrez les graines de 1 à 2 cm de terreau ou tassez suffisamment le plant pour favoriser la reprise. Arrosez tous les soirs.

Récolte et conservation

Les fruits doivent être récoltés à maturité. Coupez le pédoncule le plus près possible des tiges. Laissez sécher les fruits coupés au moins une journée au soleil, puis conservez-les dans un local ventilé (10 à 25 °C).
Pour le stockage, évitez de superposer les fruits.

Sweet mama (F1)

Cucurbita maxima (Duchesne)

SWEET MEAT

Cucurbita maxima (Duchesne)

Cette courge américaine, très appréciée en Oregon, est coureuse. Ses tiges rampantes s'allongent sur plus de 3 m et portent des feuilles arrondies d'assez grande taille. Les fruits sphériques, de 20 à 25 cm de diamètre, légèrement pointus côté ombilic, de couleur gris ardoise à gris-vert bleuté, sont divisés longitudinalement en côtes arrondies très peu profondes. La peau lisse est assez facile à enlever. La chair épaisse, de couleur orange, dense et sucrée, est de très bonne qualité. Chaque plant peut porter 2 à 5 fruits. Autres noms : sweet meat Oregon, sweet keeper.

20 à 25 cm de diamètre.

3 à 6 kg.

Récoltée à maturité,
se conserve de 4 à 9 mois.

D'octobre à janvier.

En gratin, pain, purée, potage,
soufflé, tarte, confiture…

Culture

Semez en godet (1 ou 2 graines) à partir du 15 avril, à la lumière, en maintenant une température d'au moins 20 °C et un arrosage pas trop abondant pour éviter le pourrissement des graines. La levée demande 1 à 2 semaines. Ne gardez qu'un pied par godet. Assurez des arrosages fréquents jusqu'à la plantation en pleine terre, à partir du 15 mai. Semez en place de fin avril à fin mai en pleine terre ou sous minitunnel (plastique à bulles) pour accélérer la germination de la plante.

Au semis ou à la plantation, en pleine terre, au soleil, mettez 1 ou 2 pelletées de compost dans chaque trou, les poquets étant espacés de 2 m en tous sens. N'oubliez pas de former une cuvette autour de chaque plant pour faciliter l'arrosage (évitez de mouiller les feuilles).

Arrosez régulièrement le soir.

Récolte et conservation

Les fruits doivent être récoltés à maturité (autour du 15 octobre). Coupez le pédoncule le plus près possible des tiges. Laissez sécher au moins une journée au soleil les fruits coupés, puis rentrez-les et conservez-les dans un local ventilé (10 à 25 °C).

Sweet meat

Cucurbita maxima (Duchesne)

TABLE ACE (F1)

Cucurbita pepo (Linné)

Cette courge américaine du groupe « acorn » (en forme de gland) est semi-buissonnante ; les tiges rampantes, nombreuses et vigoureuses, s'allongent sur environ 2 m, les feuilles vert foncé sont moyennes et découpées. Les fruits oblongs, tronconiques, côtelés, sont d'un vert-noir très foncé. Le pédoncule vert très foncé est fin et long. L'écorce est très dure. La chair orange, épaisse, est délicieusement parfumée. Chaque plant donne en général 5 à 7 fruits.

10 à 13 cm de diamètre, sur autant de longueur.

400 à 800 g.

Récoltée à maturité, se conserve de 2 à 6 mois.

D'octobre à décembre.

Jeune : comme les courgettes. À maturité : sautée, en purée, potage, soufflé, tarte, flan, sorbet, confiture...

Culture

Fin avril, semez 2 ou 3 graines dans des godets remplis d'un mélange de terre de jardin et de terreau. Maintenez à la lumière du jour et à une température avoisinant 20 °C. Arrosez suffisamment, mais sans excès. Mettez en place vers la fin mai, à bonne exposition.
Le semis en pleine terre ou la plantation s'effectuent dans des poquets espacés de 1,50 à 2 m en tous sens et préparés quelque 8 à 15 jours auparavant avec 2 bonnes « fourchées » de compost.
Pour accélérer le développement et éviter les arrosages journaliers, vous pouvez effectuer la plantation sur un plastique dont vous recouvrirez le pourtour de terre et dans lequel vous pratiquerez un trou pour le passage de chaque plant (n'oubliez pas de perforer le plastique à l'aide d'une fourche pour laisser passer l'eau de pluie). Arrosez une fois par semaine seulement (2 à 3 litres d'eau additionnés de purin d'ortie).

Récolte et conservation

Les fruits récoltés à mi-développement se consomment immédiatement. Vous pouvez aussi les récolter à maturité (autour du 15 octobre). Coupez le pédoncule près de la tige et rentrez les fruits de préférence dans un local sec.

Table ace (F1)

Cucurbita pepo (Linné)

TABLE GOLD

Cucurbita pepo (Linné)

Cette courge américaine du groupe « acorn » (en forme de gland) est compacte ; les nombreuses tiges ne dépassent pas 1 m, les feuilles vert foncé sont petites et assez découpées. Les fruits présentent 10 côtes peu profondes. Ils sont d'abord jaunes, puis orange à maturité. Le pédoncule vert est fin et long, l'écorce très dure. La chair jaune devient orange à maturité ; épaisse, délicieusement parfumée et sucrée, elle a un goût de noisette fraîche lorsqu'on la consomme jeune. Chaque plant donne en général 5 à 8 fruits.

8 à 10 cm de diamètre, sur 10 à 12 cm de longueur.

300 à 800 g.

Récoltée à maturité, se conserve de 3 à 6 mois.

D'octobre à janvier.

Jeune : comme les courgettes. À maturité : en gratin, purée, potage, soufflé, tarte, flan, sorbet, confiture…

Culture

Vers le 15 avril, semez 2 ou 3 graines dans des godets remplis aux 3/4 d'un mélange de terre de jardin et de terreau. Recouvrez les graines de 1 cm du même mélange, maintenez à la lumière du jour et à une température avoisinant 20 °C. Arrosez suffisamment, mais sans excès. Mettez en place lorsque les gelées ne sont plus à craindre, vers la fin mai, à bonne exposition.

Le semis en pleine terre ou la plantation s'effectuent dans des poquets espacés de 1 à 1,50 m en tous sens et préparés avec 2 bonnes « fourchées » de compost. Tassez et recouvrez avec la terre retirée, puis couvrez les graines de 1 à 2 cm de terreau ou tassez le plant pour favoriser la reprise. Pour éviter le pourrissement, vous pouvez isoler les fruits du sol par une planchette ou une tuile plate.

Récolte et conservation

Les fruits récoltés à mi-développement se consomment immédiatement.

Vous pouvez aussi les récolter à maturité (autour du 15 octobre). Coupez le pédoncule près de la tige et rentrez les fruits de préférence dans un local sec.

Table gold

Cucurbita pepo (Linné)

TABLE KING

Cucurbita pepo (Linné)

Cette courge américaine de type « acorn » (en forme de gland) est compacte (non coureuse) ; les tiges courtes et les feuilles vert foncé, longuement pétiolées et découpées, s'érigent en touffe. Les fruits assez ronds se terminent en cône côté ombilic. Ils sont côtelés, de couleur vert très foncé brillant, mouchetés de fines taches blanchâtres. Le pédoncule vert très foncé est fin et long. L'écorce est très dure. La chair orange, épaisse, est légèrement filandreuse à maturité mais délicieusement parfumée, avec un goût d'amande sucrée. Chaque plant donne en général 4 à 8 fruits. Autres noms : table king bush, roi de la table.

12 à 15 cm de diamètre, sur 12 à 18 cm de longueur.

600 g à 1,5 kg.

Récoltée à maturité, se conserve de 3 à 6 mois.

D'octobre à janvier.

À mi-développement : sautée, farcie. À maturité : en purée, soufflé, tarte, sorbet, confiture…

Culture

Vers le 15 avril, semez 2 ou 3 graines dans des godets remplis aux 3/4 d'un mélange de terre de jardin et de terreau. Recouvrez les graines de 1 cm du même mélange, maintenez à la lumière du jour et à une température avoisinant 20 °C. Arrosez suffisamment, mais sans excès pour éviter le pourrissement des graines. Ne conservez qu'un plant par godet, le plus vigoureux.
Mettez en place vers la fin mai, à bonne exposition.
Le semis en pleine terre ou la plantation s'effectuent dans des poquets espacés de 1 m en tous sens et préparés avec 2 bonnes « fourchées » de compost. Tassez et recouvrez avec la terre retirée, puis couvrez les graines de 1 à 2 cm de terreau ou tassez le plant pour favoriser la reprise. Pour éviter le pourrissement, vous pouvez isoler les fruits du sol par une planchette ou une tuile plate.

Récolte et conservation

Les fruits récoltés à mi-développement se consomment immédiatement. Vous pouvez aussi les récolter à maturité (autour du 15 octobre). Coupez le pédoncule près de la tige et rentrez les fruits de préférence dans un local sec.

Table king

Cucurbita pepo (Linné)

TAHITIAN MELON

Cucurbita moschata (Duchesne)

Originaire du Mexique et d'Amérique centrale, cette variété coureuse produit des tiges de 3 à 4 m et des feuilles vert foncé, tachetées de blanc. Les fruits à long cou incurvé ressemblent à des butternut géantes. La peau est lisse, tendre, d'un vert franc qui devient paille puis ocre à maturité. C'est une excellente courge à chair tendre, orange vif, très sucrée, dont la saveur s'améliore pendant le stockage. Chaque plant donne couramment 2 à 4 fruits. Cette variété a besoin d'une longue saison chaude pour amener ses fruits à complète maturité. Elle est peu sensible au mildiou et, cultivée dans de bonnes conditions, peut produire jusqu'à 50 kg de fruits. Autre nom : tahitian squash.

15 à 20 cm de diamètre, jusqu'à 80 cm de longueur.

3 à 15 kg.

Récolté à maturité, se conserve de 4 à 9 mois.

D'octobre à janvier.

En gratin, purée, potage, soufflé, tarte, confiture...

Culture

Semez en godet (1 à 3 graines) à partir du 15 avril, à la lumière, en maintenant une température d'au moins 20 °C et un arrosage suffisant, mais pas trop abondant pour éviter le pourrissement des graines. Maintenez des arrosages fréquents jusqu'à la plantation en pleine terre, en plein air début juin, à bonne exposition.

Semez en place de fin avril à mi-mai en pleine terre, au soleil.

Au semis ou à la plantation, en pleine terre, mettez 1 ou 2 pelletées de compost dans chaque trou, les poquets étant espacés de 2 m en tous sens.

Vous pouvez effectuer la plantation, à partir du 15 mai, sur un plastique dont vous recouvrirez le pourtour de terre et dans lequel vous pratiquerez un trou pour le repiquage de chaque plant. N'oubliez pas de perforer le plastique à l'aide d'une fourche pour laisser passer l'eau de pluie. Un arrosage hebdomadaire (2 à 4 litres d'eau) est nécessaire pendant la durée de végétation.

Récolte et conservation

Les fruits sont récoltés à maturité. Coupez le pédoncule le plus près possible des tiges. Laissez sécher les fruits coupés une journée au soleil, puis rentrez-les et conservez-les dans un local ventilé, même chaud (de 10 à 25 °C).

Tahitian melon

Cucurbita moschata (Duchesne)

TALLMAN

Cucurbita pepo (Linné)

Cette courge coureuse, de type Halloween, produit des fruits de couleur orange vif, à la peau lisse, légèrement côtelée. Le pédoncule long et fort est vert foncé. La chair épaisse de 3 à 4 cm, de couleur orange clair, est de bonne qualité. Chaque plant peut porter 2 ou 3 fruits.

20 à 30 cm de diamètre,
sur 30 à 40 cm de hauteur.

7 à 14 kg.

Récoltée à maturité,
se conserve de 2 à 4 mois.

D'octobre à novembre.

En potage, flan, chutney, tarte, confiture... En décoration (Halloween).

Culture

Vers la mi-avril, semez 2 ou 3 graines dans des godets remplis d'un mélange de terre de jardin et de terreau, gardez à la lumière du jour et à une température de 20 °C. Arrosez pour maintenir l'humidité, mais sans excès afin d'éviter le pourrissement des graines. Ne conservez que le plant le plus vigoureux dans chaque godet. Assurez des arrosages fréquents mais modérés jusqu'à la plantation.
Mettez en place vers la fin mai, à une exposition ensoleillée.
Il est possible de semer directement en place vers la mi-mai, les poquets (2 à 3 graines) étant espacés de 2 m en tous sens et préparés avec 2 bonnes « fourchées » de compost recouvertes de terre. En période de sécheresse, 1 à 2 litres d'eau sont nécessaires.
Une couverture du sol à base de paillettes de lin, de paille, de compost frais, sur 5 à 7 cm d'épaisseur, évitera la prolifération des herbes et maintiendra la fraîcheur. Cette opération se fait lorsque les plants sont suffisamment développés.
Cette variété est très résistante aux maladies cryptogamiques.

Récolte et conservation

Les fruits se récoltent lorsqu'ils sont mûrs. La récolte se fait par temps sec. Coupez le pédoncule le plus près possible des tiges, laissez les fruits coupés au moins une journée au soleil, puis rentrez-les dans un local ventilé (jusqu'à 20 °C).

Tallman

Cucurbita pepo (Linné)

TAN CHEESE

Cucurbita moschata (Duchesne)

***O**riginaire du Mexique et d'Amérique centrale, cette courge coureuse produit des feuilles vert foncé, tachetées de blanc le long des nervures ; ses tiges s'allongent sur plus de 3 m. Elle donne des fruits sphériques, très aplatis aux extrémités, très légèrement côtelés, à peau lisse, fine et tendre, de couleur vert clair devenant ocre en vieillissant. La chair rouge orangé vif tache les mains ; elle est peu épaisse, quelque peu filandreuse mais très tendre, avec un goût de noisette et de carotte à la fois. Chaque plant peut porter 2 à 6 fruits.*

20 cm de diamètre, sur 10 à 12 cm de hauteur.

1 à 4 kg.

Récoltée à maturité, se conserve de 3 à 9 mois.

D'octobre à février.

Crue : râpée, avec une vinaigrette ou une rémoulade. Cuite : en gratin, à la provençale, en purée, potage, soufflé, tarte, confiture…

Culture

Semez en godet (1 à 3 graines) à partir du 15 avril, à la lumière, en maintenant une température d'au moins 20 °C et un arrosage suffisant, mais pas trop abondant pour éviter le pourrissement des graines. Ne gardez que le pied le plus vigoureux dans chaque godet. Maintenez des arrosages fréquents jusqu'à la plantation en pleine terre, en plein air début juin, à bonne exposition ; vous pouvez aussi planter plus tôt sous tunnel plastique.

Semez en place de fin avril à fin mai en pleine terre.

Au semis ou à la plantation, en pleine terre, au soleil, mettez 1 ou 2 pelletées de compost dans chaque trou, les poquets étant espacés de 2 m en tous sens. N'oubliez pas de former une cuvette autour de chaque plant pour faciliter l'arrosage (1 à 3 litres d'eau par jour). Évitez alors de mouiller les feuilles.

Récolte et conservation

Les fruits doivent être récoltés à maturité. Coupez le pédoncule le plus près possible des tiges (si celui-ci cassait, poudrez immédiatement de lithothamne pour faciliter la cicatrisation). Laissez sécher une journée au soleil les fruits coupés, puis rentrez-les et conservez-les dans un local bien ventilé, même chaud (de 10 à 25 °C).

Tan cheese

Cucurbita moschata (Duchesne)

TOONAS MAKINO

Cucurbita moschata (Duchesne)

Cette courge japonaise coureuse présente d'assez petites feuilles vert foncé, tachetées de blanc, et de nombreuses tiges qui s'allongent sur environ 3 m. Elle donne des fruits de forme bizarre, sorte de gros diabolos, avec de nombreuses côtes profondes dans le sens longitudinal. La peau assez dure est entièrement couverte de verrues, d'abord vert foncé puis d'une couleur ocre à brique en vieillissant. La chair orangée, épaisse d'environ 2 cm, à grain fin et ferme, est sucrée, avec un goût délicieux de noisette. Chaque plant peut porter 4 à 8 fruits. Cette variété est très tardive et demande beaucoup de chaleur.

10 à 18 cm de diamètre,
sur 15 à 25 cm de hauteur.

1 à 3 kg.

Récoltée à maturité,
se conserve de 3 à 8 mois.

D'octobre à février.

Crue : râpée. Cuite : en gratin, purée, potage, soufflé, ratatouille, tourte, confiture…

Culture

Semez en godet (1 à 3 graines) à partir du 15 avril. La levée demande 1 semaine à 10 jours. Ne gardez que le pied le plus vigoureux dans chaque godet. Maintenez des arrosages fréquents jusqu'à la plantation en pleine terre, en plein air début juin, à bonne exposition. Vous pouvez aussi semez en place de fin avril à fin mai en pleine terre.
Au semis ou à la plantation, en pleine terre, au soleil, mettez 1 ou 2 pelletées de compost dans chaque trou, les poquets étant espacés de 2 m en tous sens. N'oubliez pas de former une cuvette autour de chaque plant pour faciliter l'arrosage (1 à 3 litres d'eau par jour). Évitez alors de mouiller les feuilles.

Récolte et conservation

Pour la conservation, on récolte les fruits à maturité, c'est-à-dire juste avant les gelées. Coupez le pédoncule le plus près possible des tiges. Laissez sécher une journée au soleil les fruits coupés, puis rentrez-les et conservez-les dans un local chaud (de 10 à 20 °C).

Toonas makino

Cucurbita moschata (Duchesne)

TRISTAR

Cucurbita maxima (Duchesne)

Cette courge australienne coureuse produit des tiges assez fortes, qui s'allongent sur 4 à 5 m, et de grandes feuilles vert franc, arrondies en 5 lobes peu marqués. Elle donne des fruits globalement triangulaires, formés de 3 lobes côtelés, arrondis, autour d'un assez long pédoncule liégeux ; l'ombilic protubérant est entouré d'un bourrelet liégeux. La peau épaisse, de couleur gris ardoise, est très dure. La chair épaisse, de couleur jaune orangé, est ferme, douce, de bonne qualité. Chaque plant peut porter 2 à 5 fruits. C'est une variété très tardive. Autre nom : triamble.

20 à 35 cm de diamètre.

2 à 8 kg.

Récoltée à maturité,
se conserve plus de 12 mois.

D'octobre à février.

En gratin, purée, potage, soufflé, confiture... En décoration.

Culture

Semez en godet (1 ou 2 graines) à partir du 15 avril, à la lumière, en maintenant une température d'au moins 20 °C et un arrosage pas trop abondant pour éviter le pourrissement des graines. Ne gardez qu'un pied par godet. Assurez des arrosages fréquents jusqu'à la plantation en pleine terre. Lorsque le plant a ses 2 premières feuilles, coupez le bourgeon terminal ; 2 branches se formeront alors à l'aisselle des feuilles. Mettez en place, vers la fin mai, à une exposition ensoleillée. La plantation s'effectue dans des poquets espacés de 2 m en tous sens, préparés à l'avance avec un seau de compost ou de fumier bien décomposé.
De fin avril à mi-mai, en pleine terre, semez en place 2 ou 3 graines dans des poquets espacés de 2 m en tous sens. Par la suite, ne gardez que le plus beau pied et arrosez régulièrement pendant toute la période de végétation qui dure de 3 à 5 mois.

Récolte et conservation

Les fruits doivent être récoltés à maturité (autour du 15 octobre). Coupez le pédoncule le plus près possible des tiges. Laissez bien sécher 1 à 3 jours au soleil les fruits coupés, puis rentrez-les et conservez-les dans un local ventilé et chaud.

Tristar

Cucurbita maxima (Duchesne)

TUFFY

Cucurbita pepo (Linné)

Cette variété du type « acorn » est semi-coureuse à coureuse ; les nombreuses tiges rampantes, assez fines, s'allongent sur environ 2,50 m. Les feuilles sont petites et découpées. Les fruits oblongs, terminés en cône côté ombilic, sont côtelés, de couleur vert foncé. L'écorce est dure, ce qui rend l'épluchage difficile. La chair orange est sèche, ferme, sucrée, très parfumée, avec un goût de noisette très prononcé. Chaque plant produit 4 à 12 fruits.

8 à 12 cm de diamètre, sur 12 à 18 cm de longueur.

400 à 800 g.

Récoltée à maturité, se conserve de 2 à 6 mois.

De juillet à février.

Jeune : farcie ou sautée. À maturité : en pain, purée, sautée au sucre caramélisé, en tarte, flan, sorbet, confiture...

Culture

Vers le 15 avril, semez 2 ou 3 graines dans des godets remplis aux 3/4 d'un mélange de terre de jardin et de terreau. Recouvrez les graines de 1 cm du même mélange, maintenez à la lumière du jour et à une température de 20 °C. Arrosez suffisamment, mais sans excès. La levée demande 5 à 10 jours. Ne conservez qu'un plant par godet. Mettez en place lorsque les gelées ne sont plus à craindre, vers la fin mai, à bonne exposition.

Le semis en pleine terre ou la plantation s'effectuent dans des poquets espacés de 2 m en tous sens et préparés quelque 8 à 15 jours auparavant avec 2 bonnes « fourchées » de compost. Tassez et recouvrez avec la terre retirée, puis couvrez les graines de 1 à 2 cm de terreau. Pour accélérer le développement de la plante et économiser l'eau, vous pouvez effectuer la plantation sur un plastique. Arrosez une fois par semaine pendant toute la durée de végétation.

Récolte et conservation

Les fruits récoltés jeunes se consomment rapidement comme des courgettes. Vous pouvez aussi les récolter à maturité. Coupez le pédoncule près de la tige, laissez sécher les fruits une journée au soleil, puis conservez-les dans un local ventilé entre 10 et 25 °C.

Tuffy

Cucurbita pepo (Linné)

UCHIKI KURI

Cucurbita maxima (Duchesne)

Cette courge japonaise est coureuse ; les tiges rampantes s'allongent sur plus de 3 m. Les feuilles moyennes, peu découpées, sont vert foncé. Les fruits assez petits, en forme de toupie, présentant une vingtaine de fins bourrelets longitudinaux, d'un rouge vif assez foncé, possèdent un ombilic plus ou moins protubérant. La peau est fine, un peu rugueuse et tendre. La chair orangé, épaisse de 2 à 3 cm, ferme, sucrée, avec un goût de châtaigne, est très nutritive (riche en provitamine A et en oligoéléments). Chaque plant peut porter 4 à 10 fruits.

12 à 20 cm de diamètre.

1 à 2,5 kg.

Récoltée à maturité,
se conserve de 3 à 7 mois.

D'octobre à février.

Crue : râpée, en vinaigrette. Cuite : en gratin, pain, purée, potage, soufflé, tarte, confiture...

Culture

Vers le 15 avril, semez 2 ou 3 graines dans des godets remplis d'un mélange de terre de jardin et de terreau. Maintenez à la lumière du jour et à une température avoisinant 20 °C. Arrosez suffisamment, mais sans excès pour éviter le pourrissement des graines. Ne conservez qu'un plant par godet et continuez les arrosages jusqu'à la plantation. Mettez en place vers la fin mai, à bonne exposition.

Le semis en pleine terre ou la plantation s'effectuent dans des poquets espacés de 2 m en tous sens et préparés avec 2 bonnes « fourchées » de compost. Tassez et recouvrez avec la terre retirée, puis couvrez les graines de 1 à 2 cm de terreau ou tassez le plant pour favoriser la reprise.

Pour gagner 3 semaines à 1 mois et économiser l'eau, vous pouvez effectuer la plantation, à partir du 15 mai, sur un plastique, dans lequel vous pratiquerez un trou pour le repiquage de chaque plant, sans oublier de le perforer à l'aide d'une fourche pour laisser passer l'eau de pluie.

Récolte et conservation

Les fruits doivent être récoltés à maturité. Coupez le pédoncule le plus près possible des tiges. Laissez sécher au moins une journée au soleil les fruits coupés, puis conservez-les dans un local ventilé (10 à 25 °C).

Uchiki kuri

Cucurbita maxima (Duchesne)

WARTED HUBBARD

Cucurbita maxima (Duchesne)

***O**riginaire d'Amérique du Sud, cette variété est coureuse. Les tiges rampantes s'allongent sur 4 à 5 m. Les feuilles vert foncé, d'assez grande taille, sont arrondies en lobes peu marqués. Les fruits sont légèrement côtelés, très verruqueux, oblongs, pointus côté pédoncule et côté ombilic, de couleur vert très foncé uni. L'ombilic est protubérant. L'écorce est très dure (les fruits ne se meurtrissent pas facilement). La chair épaisse, sèche, de couleur orange, douce, peu sucrée, à grain fin, est de très bonne qualité. Chaque plant peut donner 2 à 5 fruits. Autre nom : courge de hubbard verruqueuse.*

20 à 25 cm de diamètre,
sur 25 à 30 cm de longueur.

4 à 6 kg.

Récoltée à maturité,
se conserve de 4 à 9 mois.

D'octobre à janvier.

En gratin, pain, purée, potage, soufflé, flan, confiture…

Culture

Vers le 15 avril, semez 2 ou 3 graines dans des godets remplis d'un mélange de terre de jardin et de terreau. Maintenez à la lumière du jour et à une température avoisinant 20 °C. Arrosez suffisamment, mais sans excès pour éviter le pourrissement des graines. Ne conservez qu'un plant par godet, le plus vigoureux. Continuez les arrosages jusqu'à la plantation.

Mettez en place vers la fin mai, à bonne exposition.

Le semis en pleine terre ou la plantation s'effectuent dans des poquets espacés de 2 à 2, 50 m en tous sens et préparés avec 2 bonnes « fourchées » de compost. Tassez et recouvrez avec la terre retirée, puis couvrez les graines de 1 à 2 cm de terreau ou tassez le plant pour favoriser la reprise. Arrosez tous les soirs (1 à 3 litres d'eau) pendant la période de végétation.

Une couverture du sol à base de paillettes de lin, de paille, de compost frais, sur 5 à 7 cm d'épaisseur, évitera la prolifération des herbes et maintiendra la fraîcheur.

Récolte et conservation

Les fruits doivent être récoltés à maturité. Coupez le pédoncule le plus près possible des tiges. Laissez sécher au moins une journée au soleil les fruits coupés, puis conservez-les dans un local ventilé (10 à 25 °C).

Warted hubbard

Cucurbita maxima (Duchesne)

WHANGAPAROA

Cucurbita maxima (Duchesne)

Cette courge néo-zélandaise coureuse produit des tiges qui s'allongent sur 1,20 à 3 m environ. Les feuilles vert foncé sont arrondies. Les fruits sphériques, à côtes doubles peu profondes, aplatis aux deux extrémités, présentent une peau lisse de couleur gris-vert bleuté. L'ombilic en creux est couronné d'un bourrelet liégeux régulier. La chair épaisse est sèche, ferme, de couleur orange foncé, douce avec un léger goût de châtaigne, de très bonne qualité. Chaque plant peut porter 3 à 6 fruits. Autres noms : whangaparoa crown pumpkin, whangaparoa maori, potiron couronné de Nouvelle-Zélande.

14 à 18 cm de diamètre, sur 9 à 11 cm de hauteur.

1 à 3 kg.

Récoltée à maturité, se conserve de 4 à 9 mois.

D'octobre à janvier.

En gratin, purée, potage, soufflé, tarte, flan, confiture…

Culture

Vers le 15 avril, semez 2 ou 3 graines dans des godets remplis d'un mélange de terre de jardin et de terreau. Maintenez à la lumière du jour et à une température avoisinant 20 °C. Arrosez suffisamment, mais sans excès pour éviter le pourrissement des graines. Ne conservez qu'un plant par godet, le plus vigoureux. Continuez les arrosages jusqu'à la plantation.
Mettez en place après le 15 mai, à bonne exposition.
Le semis en pleine terre ou la plantation s'effectuent dans des poquets espacés de 2 m en tous sens et préparés 8 à 15 jours auparavant avec 2 bonnes « fourchées » de compost. Vous pouvez isoler les fruits du sol par une planchette ou une tuile plate. En période de sécheresse, arrosez tous les soirs (1 à 3 litres d'eau).

Récolte et conservation

Les fruits doivent être récoltés à maturité. Coupez le pédoncule le plus près possible des tiges. Laissez sécher au moins une journée au soleil les fruits coupés, puis conservez-les dans un local ventilé (10 à 25 °C). Pour le stockage, évitez de superposer les fruits.

Whangaparoa

Cucurbita maxima (Duchesne)

WINTER LUXURY

Cucurbita pepo (Linné)

Cette courge vient du Mexique et du sud-est des États-Unis. Cette variété à tiges rampantes (environ 3 m de longueur) produit des feuilles moyennes, découpées en lobes, et des fruits sphériques, légèrement aplatis aux deux extrémités, de couleur orange vif, finement brodés sur tout l'épiderme. Le pédoncule est très long (10 à 12 cm) et assez solide. La chair, moyennement épaisse, est jaune orangé, sucrée et parfumée. Chaque plant donne 2 à 4 fruits.

15 à 25 cm de diamètre.

2 à 5 kg.

Récoltée à maturité,
se conserve de 2 à 5 mois.

De septembre à décembre.

En potage, soufflé, flan, tarte, confiture…

Culture

Vers la mi-avril, semez 2 ou 3 graines dans des godets remplis aux 3/4 d'un mélange de terre de jardin et de terreau. Recouvrez les graines de 1 cm du même mélange. Gardez à la lumière du jour et à une température de 20 °C. Arrosez pour maintenir l'humidité. Pincez chaque plant au-dessus des 2 premières feuilles qui poussent après les cotylédons. Mettez en place lorsque les gelées ne sont plus à craindre, vers la fin mai, à une exposition ensoleillée.
Il est possible de semer en place, vers la fin avril, sous des minitunnels (plastique à bulles), les poquets étant espacés de 2 m en tous sens et préparés quelques jours auparavant avec 2 « fourchées » de compost recouvertes de terre. En période de sécheresse, 1 à 2 litres d'eau sont nécessaires tous les jours. Vous pouvez effectuer la plantation sur un plastique ; ainsi, un arrosage par semaine suffit.
Pour obtenir de plus gros fruits, pincez la tige 1 à 2 feuilles après chaque fruit.

Récolte et conservation

Les fruits se récoltent à maturité. Coupez le pédoncule au ras de la tige. Laissez sécher les fruits pendant une journée, puis conservez-les dans un local ventilé.

Winter luxury

Cucurbita pepo (Linné)

YOEME KAMA

Cucurbita mixta (Pangalo) ou *argyrosperma* hort.

Originaire du Mexique, où elle était cultivée par les Indiens, cette courge coureuse présente des feuilles de taille moyenne, découpées et mouchetées de blanc. Elle donne des fruits en forme de grosse poire, vert clair à jaune paille, rayés de vert. Le pédoncule est gros et liégeux ; parfois, quelques bourrelets de même aspect descendent sur le fruit. La chair, de 2 à 3 cm d'épaisseur, moyennement ferme, jaune, a un goût assez fade. Chaque plant peut porter 2 à 6 fruits.

18 à 28 cm de diamètre, sur 25 à 45 cm de longueur.

4 à 10 kg.

Récoltée à maturité, se conserve de 4 à 8 mois.

D'octobre à janvier.

Crue : râpée ou coupée en dés, blanchie et assaisonnée d'une vinaigrette. Cuite : sautée à la poêle, en ratatouille, purée…

Culture

Semez en godet (1 à 3 graines) à partir de fin avril, à la lumière, en maintenant une température d'au moins 20 °C et un arrosage pas trop abondant pour éviter le pourrissement des graines. Assurez des arrosages fréquents jusqu'à la plantation en pleine terre, en plein air à partir du 15 mai, à bonne exposition.

Au semis ou à la plantation, en pleine terre, mettez 1 à 2 pelletée de compost dans chaque trou, les poquets étant espacés de 2 m au moins en tous sens. Faites une cuvette autour de chaque plant pour faciliter l'arrosage.
Pour accélérer le développement de la plante, qui demande de la chaleur, vous pouvez effectuer la plantation sur un plastique dont vous recouvrirez le pourtour de terre et dans lequel vous pratiquerez un trou pour le passage de chaque plant (n'oubliez pas de perforer le plastique à l'aide d'une fourche pour laisser passer l'eau de pluie). Arrosez fréquemment (2 à 3 litres d'eau le soir tous les 2 ou 3 jours). Ne taillez que si la plante devient trop envahissante.

Récolte et conservation

Les fruits doivent être récoltés à maturité, avant les gelées, vers le 15 octobre. Coupez le pédoncule le plus près possible des tiges. Rentrez les fruits et conservez-les dans un local chaud et suffisamment ventilé (10 à 20 °C).

Yoeme kama

Cucurbita mixta (Pangalo)
ou *argyrosperma* hort.

ZAPALLITO DEL TRONCO

Cucurbita maxima (Duchesne)

Cette courge non coureuse présente des feuilles rondes de taille moyenne. Ses fruits ronds et aplatis, de couleur vert foncé, se développent serrés, groupés autour du tronc. Superbe croisement entre une courge d'été et une courge d'hiver, ils prennent une couleur cuir en vieillissant. La chair fine, de couleur vert et orange clair, est peu épaisse (1 à 2 cm) ; la peau est comestible. Chaque plant peut porter jusqu'à 12 fruits.

8 à 13 cm de diamètre, sur 6 à 8 cm de hauteur.

100 à 600 g.

Récoltée à maturité, se conserve de 2 à 6 mois.

De juillet à décembre.

Crus, les jeunes fruits sont servis comme les concombres. Cuits, avec du sel, du beurre et une pointe d'ail, ou bien farcis.

Culture

Semez en godet (2 graines) à partir du 15 avril, à la lumière, en maintenant une température d'au moins 20 °C et un arrosage pas trop abondant pour éviter le pourrissement des graines. Assurez des arrosages fréquents jusqu'à la plantation en pleine terre, en plein air à partir du 15 mai, à bonne exposition.

Semez en place de fin avril à fin mai en pleine terre.

Au semis ou à la plantation, en pleine terre, mettez 2 à 5 poignées de compost dans chaque trou, les poquets étant espacés de 1 m au moins en tous sens. N'oubliez pas de former une cuvette autour de chaque plant pour faciliter l'arrosage, et évitez de mouiller les feuilles, ce qui pourrait favoriser l'apparition de taches blanchâtres sur les feuilles (oïdium). Pendant la période de végétation de 3 à 5 mois, arrosez si nécessaire (1 à 2 litres d'eau par jour).

Récolte et conservation

Les fruits peuvent être récoltés jeunes et consommés comme des concombres. Pour la conservation, les fruits doivent être récoltés à maturité. Coupez le pédoncule le plus près possible des tiges. Rentrez les fruits et conservez-les dans un local chaud (de 10 à 25 °C).

Zapallito del tronco

Cucurbita maxima (Duchesne)

ZAPALLO CAMOTE

Cucurbita maxima (Duchesne)

Cette variété chilienne coureuse présente des feuilles d'assez grande taille, arrondies en 5 lobes. Elle donne des fruits en forme de toupie, gris-bleu clair. La chair est très épaisse (4 à 5 cm), fine et ferme, de couleur orangé clair. Chaque plant peut porter 2 à 4 fruits, très lourds par rapport à leur taille.

30 à 40 cm de diamètre.

8 à 20 kg.

Récoltée à maturité,
se conserve de 3 à 8 mois.

D'octobre à janvier.

En purée, potage, soufflé, tarte, pâte de fruits, confiture...

Culture

Semez en godet (1 ou 2 graines) à partir du 15 avril, à la lumière, en maintenant une température d'au moins 20 °C et un arrosage pas trop abondant. La levée demande 1 semaine à 10 jours. Ne gardez qu'un pied par godet. Assurez des arrosages fréquents jusqu'à la plantation en pleine terre, en plein air à partir du 15 mai. Vous pouvez semer en place de fin avril à mi-mai en pleine terre, éventuellement sous minitunnel.
À la plantation, en pleine terre, mettez une pelletée de compost dans chaque trou, les poquets étant espacés de 2 m au moins en tous sens.
Pendant la période de végétation de 3 à 5 mois, arrosez si nécessaire (1 à 2 litres d'eau par jour).
Vous pouvez effectuer la plantation sur un plastique dont vous recouvrirez le pourtour de terre. Un arrosage par semaine suffit.
Une plante trop envahissante peut être taillée, mais veillez à ne couper qu'après la feuille qui suit une fleur femelle.

Récolte et conservation

Les fruits doivent être récoltés à maturité. Coupez le pédoncule le plus près possible des tiges. Laissez sécher les fruits et conservez-les dans un local ventilé (entre 10 et 20 °C).

Zapallo camote

Cucurbita maxima (Duchesne)

ZIPINSKI CAMPANA

Cucurbita maxima (Duchesne)

Originaire d'Amérique du Sud, cette courge semi-buissonnante pousse d'abord en touffe et produit de petites feuilles rondes assez longuement pétiolées. Les fruits de petite taille, ronds, se présentent comme de petits cônes pointus entourés d'une couronne liégeuse, ou comme des toupies. Ils naissent tout près du tronc, puis des tiges courtes se développent et portent d'autres fleurs mâles et femelles qui donnent rarement d'autres fruits. La peau rosée (mais parfois aussi vert bleuté), tournant à l'ocre à maturité, est très dure et couverte de lignes liégeuses. La chair peu épaisse, orange foncé, a un goût de châtaigne. Chaque plant peut porter 2 à 5 fruits.

8 à 14 cm de diamètre.

100 à 800 g.

Récoltée à maturité, se conserve de 4 à 9 mois.

D'octobre à janvier.

Cuite à la vapeur, en purée, potage, flan... En décoration.

Culture

Semez en godet (2 graines) à partir du 15 avril, à la lumière, en maintenant une température d'au moins 20 °C et un arrosage pas trop abondant pour éviter le pourrissement des graines. Assurez des arrosages fréquents jusqu'à la plantation en pleine terre, en plein air à partir du 15 mai, à bonne exposition.
Semez en place à partir du 10 mai en pleine terre.
Au semis ou à la plantation, en pleine terre, mettez 5 poignées de compost dans chaque trou, les poquets étant espacés de 1 m au moins en tous sens. N'oubliez pas de former une cuvette autour de chaque plant pour faciliter l'arrosage. Pendant la période de végétation de 3 à 5 mois, arrosez si nécessaire (1 à 2 litres d'eau par jour).

Récolte et conservation

Les fruits doivent être récoltés à maturité, lorsque l'ongle a du mal à couper la peau. Coupez le pédoncule le plus près possible des tiges. Laissez sécher une journée au soleil les fruits coupés puis rentrez-les et conservez-les dans un local chaud et suffisamment ventilé (de 10 à 25 °C).

Zipinski campana

Cucurbita maxima (Duchesne)

INDEX DES VARIÉTÉS

INFORMATIONS PRATIQUES

Semences (vente par correspondance)

Association Mémoire verte,
68, rue de l'Égalité,
91600 Savigny-sur-Orge
Échanges de semences entre adhérents de l'association.

Le Biau-germe, 47360 Montpezat
Catalogue de semences de courges, d'autres plantes potagères et de culture biologique.

Ducrettet Colegrave,
Z.A.E. des Cinq-Chemins, Margencel,
B.P. 69, 74200 Thonon-les-Bains
Vente de graines, plans, chromos, aux professionnels, centres horticoles, services parcs et jardins des villes...

La Ferme de Sainte-Marthe,
B.P. 10, 41700 Cour-Cheverny
Catalogue de nombreuses variétés de courges, légumes rares et graines issues de l'agriculture biologique.

Graines Baumaux,
B.P. 100, 54062 Nancy Cedex
Catalogue de graines très riche en plantes légumières, courges et légumes anciens, ainsi qu'en fleurs.

Graineterie A. Ducrettet,
Z.I. Châtelaine, 14, rue René-Cassin,
74240 Gaillard
Vente de graines, légumes, nombreuses variétés de courges, fleurs, aromatiques, plans de fleurs aux professionnels, services municipaux.

Le Potager d'un curieux
(J.-L. Danneyrolles),
La Molière, 84400 Saizon
Catalogue de graines de cucurbitacées, plantes potagères et de culture bio.

Terre de Semences, B.P. 2,
03210 Saint-Menoux
Catalogue de nombreuses courges et autres plantes potagères et florales.

Victor le Jardinier, B.P. 115,
14200 Hérouville-Saint-Clair
Catalogue de produits fertilisants, amendements, insecticides végétaux pour pratiquer la culture biologique, quelques variétés de courges et autres plantes potagères.

Produits de jardin destinés à la culture biologique

Groupe Barbier,
43600 Sainte-Sigolène
Films plastique pour cultures maraîchères, films pour melons et cucurbitacées : PTHR, Sfon (opalescent thermique), Barlene (film de paillage marron)...

Biotero,
Z.I. du Vieux-Sainte-Marie,
76190 Yvetot
Compost, paillette de lin...

Contact vert (D.S.A.T. services),
B.P. 54, 49800 Trélazé
Actibêche, compost, fertilisants, purin d'ortie, insecticide végétal...

La Ferme de Sainte-Marthe,
B.P. 10, 41700 Cour-Cheverny
Engrais organiques, compost bio, insecticides végétaux, purin d'ortie, engrais verts...

Magellan S.A.,
Zone artisanale Les Landes,
24290 La Chapelle-Aubareil
Engrais organiques, amendements, insecticides végétaux, pièges à insectes, toiles de paillage et anti-insectes.

Victor le Jardinier,
B.P. 115, 14200 Hérouville-Saint-Clair
Engrais organiques, compost, insecticides végétaux, purin d'ortie...

Les courges en fête

Foire aux potirons, à Tourinnes-Saint-Lambert, dans le Brabant belge, le deuxième dimanche de septembre
Renseignements : Michel Corlier, 4 Pachis du Capitaine, B 1547 Tourinnes- Saint-Lambert, Belgique

Fête de la citrouille, à Saint-Brisson-sur-Loire (Loiret), le troisième samedi de septembre
Renseignements : Joël Doucet, Les Thenoux, 45500 Saint-Brisson-sur-Loire

Les courges du monde entier, journée de la plus grosse courge, le troisième samedi de septembre
Renseignements : Garden Centre Schilliger, route 6, Gland, Suisse

Foire de la citrouille, à Millancay (Loir-et-Cher), le dernier week-end de septembre
Renseignements : Mairie de Millancay, 41200 Millancay

Fête de la courge et de la sorcellerie, à Marchiennes (Nord), le premier samedi d'octobre
Renseignements : Mairie de Marchiennes, 59870 Marchiennes

Foire aux potirons, à Tranzault (Indre), le deuxième dimanche d'octobre
Renseignements : Mairie de Tranzault, 36230 Tranzault

Couleurs et saveurs d'automne, à l'Hôtel de Mézières (près de la poste) à Eaubonne (Val-d'Oise)
Renseignements : Monique Petit, animathèque, 3, avenue Saint-Lambert, 95600 Eaubonne

Les Automnales, au prieuré de Saint-Rémy-la-Varenne (Maine-et-Loire), le premier week-end de novembre
Renseignements : Association de sauvegarde du Prieuré, 49250 Saint-Rémy-la-Varenne

Fête des fruits et des légumes d'hier et d'aujourd'hui, à Saint-Jean-de-Beauregard (Essonne)
Renseignements : M. et Mme de Curel, domaine de Saint-Jean-de-Beauregard, 91940 Saint-Jean-de-Beauregard

BIBLIOGRAPHIE

Le Bon Jardinier, encyclopédie horticole, La Maison Rustique

La Cuisine des courges, Nicole et Jean-Baptiste Prades, Éditions Rustica

Le Grand Livre des courges, Nicole et Jean-Baptiste Prades et Victor Renaud, Éditions Rustica

Les Légumes rares et oubliés, Victor Renaud, Éditions Rustica (épuisé)

Maladies des Cucurbitacées, Blancard, Lecoq et Pitrat, Éditions I.N.R.A.

Les Plantes alimentaires chez tous les peuples et à travers les âges ; les légumes, Désiré Bois, Comedit, S.N.H.F.

Les Plantes potagères, Vilmorin Andrieux et Cie

Le Potager au naturel, Victor Renaud, Éditions Camugli

Le Potager par les méthodes naturelles, Victor Renaud et Charles Dudouet, Éditions Rustica

Les Secrets de mon jardin potager, Victor Renaud, Éditions Le Chêne

Trésor de courges et de potirons, Bruno Defay, Éditions Terre vivante

Crédits photos et dessins
Toutes les photos sont de C. Hochet/Rustica, sauf
pp. 115, 147, 161, 167, 199, 215, 249, 255 : J.-B. Prades ;
pp. 77, 157, 229, 237 : V. Renaud.
Les pictogrammes ont été dessinés par J. Bordier.

Maquette et réalisation
F. Dao/Koalas

Imprimé en France - Publiphotoffset, 93500 Pantin - Mars 1998
Printed in France